サークル有害論

なぜ小集団は毒されるのか

荒木優太
Araki Yuta

a pilot of wisdom

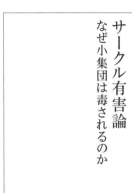

序　誰が囚《とら》われているのか？

マクシム・ゴーリキーにこんな小説がある。

あるところに地下室で毎日パンづくりにいそしむ二六人の男たちがいた。これといった愉《たの》しみもなく、課された仕事を憎みながらも、ただ黙々と働いて日々がすぎていく。そんな労苦のなかで一服の清涼剤だったのが、上の階で小間使いとして働く一六歳のターニャという少女の訪問。パンをもらいにくる彼女の太陽のような笑顔に癒やされる男たちは、全員でターニャへのプラトニックな愛を誓う。そんなおり、元兵士の優男《やさおとこ》が仕事仲間の新顔として彼らの前に現れる。女にモテることを鼻にかけた元兵士の態度に反発を覚えた二六人は、その場の勢いで、そんなにいうならターニャを口説き落としてみよ、という賭けを提案してしまう。そして二週間後の雨の日、元兵士とターニャの穴倉での密会を目撃してしまった男たちは、上気した表情で穴倉から出てきたターニャを囲い込み、罵詈《ばり》雑言を浴びせかける。はじめは怯《おび》えて声も出せなかったターニャは、誰かに上衣《うわぎ》の袖をつかまれたのをきっかけに、「あーあ、あんたたちはみんな気の毒に、牢屋《ろうや》へ入っているようなもんね！　Oh, you miserable prisoners!」と言い放って、振り返りもせず颯爽《さっそう》と消えていく。もう二度と彼らの前に現れることはなかった。

『二十六人の男と一人の少女』のあらすじである。

*

この短篇《たんぺん》は一八九九年に発表された。飢えと貧困に苦しみながらも大学に入るという目的のもとカザン市を訪れ、そこのビスケット製造所で働いた経験が反映されていたといわれている。ゴーリキー一六歳の頃のことである。なお、本作はスターリンが愛した一作としても名高い。

この小説を読んでいると、特に一部の男性は自分のなかの痛いところを衝《つ》かれたような感覚に襲われるかもしれない。はたまた自分自身がかつてしでかした「やらかし」を思い出して悶絶《もんぜつ》するようないたたまれなさを抱くかもしれない。

ただし、ことは容易に連想可能な、恋愛禁止の掟《おきて》を破ったアイドル（＝偶像）に対して剝《む》き出しの攻撃心を露《あらわ》にするそのファンたちに限定されない。

どんな分野であれ、同好の士がちょっとでも集まればいさかいの着火剤はそれだけでもう十分だ。どれくらい知識があるか、どれほどのカネをかけたか、といった自慢合戦のなかで、誇りや劣等感を抱いたり、或《あ》るいは意地を張って自分を大きく見せねばならぬと感じるとき、しばしばマウンティングとも呼称される、コップのなかの小さな序列争いに誰しもが知らず知らずのうちに投げ込まれている。

マウンティングとは、もともとは動物行動学の用語で、哺乳類が同族の個体に馬乗りすることで優位を示す行動を指していた。特に性行動において顕著にみられる。動物の群れから人間の社会へ進歩したかと思えば、社会のなかでさえ動物的なならいが文化の意匠を借りて復活してしまう。

だからこそ『二十六人の男と一人の少女』には、より普遍的で根源的な、集団性のもついやらしさが集約されているように感じられるのだ。一人ひとりは心優しく親切だったとしても、集団のなかで振舞うとき、変な戦いに巻き込まれて自分が変になってしまうことがある。変に感染してしまうことがある。「気の毒」という日本語特有の語感を拝借していえば、確かにここにはあらゆる集団がもちうる毒のようなものがある。

＊

ターニャは自らを取り囲む男たちを「囚人prisoners」のようだ、と形容した。この言葉は、極めて皮肉に富んでいる。客観的にみれば男たちに囲まれたターニャの状況こそが「囚人」的である――そしてその牢は彼女の自由を奪う実効力をまるでもたない――ことだけに留《とど》まらない。というのも、男たちがターニャに好意を寄せるきっかけとなったのは、玄関の窓ガラスから日々発される「囚人さんLittle prisoners」という美しい呼び声であり、同じ少女の同じ言葉がまったく反対の効果のなかで用いられるからだ。

冒頭の好意的な「囚人さん」の呼び声が比喩しているのは、パンづくりのため昼間からこもらねばならない暗い地下室で働く労働者のことを指している。対して、第二の「囚人」が発されるのは、ちょうど昼時、男たちが地下室の外に出てターニャの浮気（!?）現場を取り押さえたときのことだった。ごく普通の意味で、彼らはもはや「囚人」ではない。地下室の外にいるのだから。にも拘《かかわ》らず、この短篇を読む者はターニャの捨《す》て台詞《ぜりふ》に従って彼らが相変わらずの「囚人」であることを深く納得するに違いない。

囚われたものが他者を捕えようとする。いや、他者を捕えようとする意欲そのもののなかに厄介な囚われが棲《す》みついている。

それにしても、彼らは一体なにに囚われているのだろうか。現代のフェミニストならば、単刀直入にホモソーシャリティという有名な専門用語でそれを呼ぶかもしれない。特に男性同士の絆《きずな》を確認するための同調的で排他的なノリを指すための言葉だ。なるほど、その言葉遣いはそれなりに説得的であるし、実際本書でもいくぶんかページを割くべき重要アイディアであることは疑われない。

ただ、本書では、いったんその語を宙づりにして、その囚われの原因を「有害な小集団」と仮称するところから出発してみたい。「有害な小集団」は、性差に限定されない人々のあいだにある種々のミクロな違い、その隙間に巣くうコミュニティ／コミュニケーションにおいて我々を日々毒している、変の発生原因だ。

また「有害な小集団」は、二〇世紀以降の組織論、すなわち工場や軍隊など巨大化していく組織体をどうマネジメントしていくかという視角とも異なる厄介をもっている。マックス・ウェーバーは近代組織の特徴を官僚制に求め、従うべきルールの一般化、権限の明確な階層性、個々人を役職に徹して扱う没人格性などをそのマイナス効果もふくめて考察したが、ここで注目したいのは、もっと小規模なもの、すべてのメンバーがすべてのメンバーを知っており、親密で互いに気心の知れたつどいが、親しくてよく通じ合っているがためにかえって抱え込んでしまう毒性である。

歴史上、数多くの小集団の呼び名があった。一二世紀のフランスにおいては、暇をもてあます宮廷女性によって自宅を客人たちに開放するサロン文化が育っていった。一七世紀中葉のイギリスはロンドンでは、コーヒーハウスの流行のなかで有益な情報を求めて中流・上流階級の人々が互いに雑談する習慣を経て、これがクラブの文化へと発展していく。中世の日本文学史には、共同制作で歌をつくるためにつどった連や座と呼ばれる集まりがあった。

このなかで本書が厚く取り扱いたいのは、建前上は階級の偏重を解消し、平等で開かれた集団性を目指していたはずの、「サークル」に関するあれやこれやの語られ方である。もとはロシアに由来する、その反権威主義的な小集団を改めて考えることで、開かれのなかの閉ざされ、閉ざされのなかの開かれという逆説をより原理的に問うことが期待できるように思うからだ。

＊

現代は毒の時代である。だとするのならば、その毒はいかにして解除できるのだろうか。本書が目指したいのは、集団性の解毒法《デトックス》である。具体的にその任務は、第一に単なる害悪に限定されない修辞「毒」のもついやらしい効果を確認した上で、つづいて戦後を代表する哲学者の一人、鶴見俊輔を中心にしたサークルの思想を辿《たど》り直すことによって果たされることになるだろう。

アリストテレスの名とともに、人は社会的動物であるとしばしばいわれる。その心は、人間は独りでは生きられず複数の他者との共同／協働によって社会生活を送ることにある。ならば、人間が人間であることの条件のなかに、或いは既に毒が仕込まれているのかもしれない。毒は不可避で、しかも克服不能なのだとしたら、あとに待っているのは絶望だけに違いない。

が、それでも現在流通している薬剤の多くが正しい用法を守った毒物でもあることを想起するとき、その望みなしの急転直下をもう少しマイルドに、傾斜が緩やかなすべり台くらいの冗長性のなかで集団との付き合い方を冷静に考えることくらいはできる。毒とは用法を間違えた薬である、毒が問題なのではなく使い方が問題なのだ、と発想を変えてみれば、できることの数を増やすことはできる。

フランスの哲学者、ジャック・デリダは、「プラトンのパルマケイアー」という小難しい論文のなかで、パルマコンというギリシャ語が毒を表すと同時に薬をも意味するという両義性に注目し、書き言葉が物忘れの元凶でありながら、その場で消えてしまう話し言葉を後の世に残しておける思考のパルマコンだと論じた。

社交家であれ人間嫌いであれ、人間ならばあまねく勧められる指針は、いつの世も、きみたちはよくも悪くもインスタント（瞬間的）な存在ではない、時間のなかで生きる存在者である、ということに尽きるだろう。薬が毒に堕《お》ちないよう使うにはそれなりの時間が必要である。性急であってはならない。「有害な小集団」の適切な用法の勘所もつまるところそれであるが、いささか結論を急ぎすぎたかもしれない。もう少しゆっくり進んでいこう。

目次

集団的インターセクショナリティ
細分化する力としてのマイクロアグレッション
終わりなきマイクロアグレッション物語

第二章　男たちの解毒史

ホモソーシャルとはなにか
有害で有毒な男性性
見出される「ネタ枠」
男性運動から生まれた
アイアン・ジョン／鉄のハンス／ワイルド・マンの再発見
Toxic 対 Deep
フェミニストからみた疑問
トカゲのしっぽ切り？
さまざまなる毒

三分割
地下に下りること
大塚英志の投稿文化批判
鶴見の「限界」？

第六章　閉ざされること、開かれること

サークルの内側からサークル史を編む
四つの参考文献
日高六郎と谷川雁
「気組み」の問題として考える
ベルクソン論文はサークルに言及しない
第四主著
ブレイクスルーとしての愛
閉ざされた円（サークル）

図版レイアウト／MOTHER

第一章　男女の数は同数に？

姫野カオルコ『彼女は頭が悪いから』

今日における『二十六人の男と一人の少女』を彷彿《ほうふつ》とさせるものの、それよりもずっと後味の悪い実際の事件に取材した小説を考察の糸口としてみたい。

東京大学教授である四本裕子《よつもとゆうこ》は、東大刊行の『教養学部報』六一三号（二〇一九年一一月）のなかで「サークルのあり方について、元学生／現教員の立場で思うこと」と題した一文を発表している。東大出身の四本は、二五年前からつづく「女子が入ることのできないサークル」の存在に触れ、いまだ残存するジェンダー意識の低さを批判し、学生自身による意識改革が必要だと訴えている。

これに並行するかたちで、二〇二〇年一月二六日、サークルの新入生歓迎行事をとりまとめている二〇二〇年度東京大学教養学部オリエンテーション委員会は、「女子が入ることのできないサークル」に新たな罰則的規定を設けることでこれに対処した。

四本自身が確認するように、サークルとは学生自治に基づくものであって、本来、教員が介入するのはいささか越権行為のようにもみえる。しかし、二〇一六年五月一一日に起きた悲劇的な事件からつづく文脈を踏まえた者にとっては暗黙の了解がある。すなわち、「誕生日研究会」というサークル活動の名目で東大生数名が他大学の女子大生を酒に酔わせ、卑劣な行為に及んだ集団強制猥褻《わいせつ》事件である。一〇月二六日付の「産経ニュース」の犯行全容と題する記事によれば、「誕生日研究会」は表向きは学生同士の交流用インカレサークルに偽装していたが、その実、女性に酒を飲ませ、猥褻行為をする目的のサークルにすぎなかったという。

二〇一九年度の東大入学式の祝辞でこの事件に言及した上野千鶴子は、他大学の合同コンパにおいて、男子学生は東大生であることを隠しはしないが、女子学生はしばしば「東京、の、大学……」と濁して自己申告する事例を紹介している。東大男子は欲望の対象たりえるが、東大女子はそうではない。彼女たちは賢くもそれを敏感に察知する。ここには非対称性がある。我々の社会において、女性的に魅力がある状態とは、頭の良さではなく、男性への愛嬌《あいきよう》や媚態《びたい》に求められ、そのためには時に積極的に馬鹿になる（馬鹿であると思われる）ことのほうが有利であるという歪《ゆが》みさえも引き起こす。

このような社会背景を念頭に置きながら、一連の事件を小説化し大きな反響を得たのが、姫野カオルコ『彼女は頭が悪いから』（二〇一八年）であった。

暴走する学歴エリーティズム

物語は、被害者女性となる神立《かんだつ》美咲と加害者グループの一人であった竹内つばさの成育環境を語るところからはじまっていく。美咲は偏差値48枠の水谷女子大学総合生活学部に通う女子大生。つばさは事件当時、東大の理系大学院に通っていた。そもそも小説内でいう「星座研究会」の男性陣はみな東大出身者で構成されている。ややおっとりした、どこにでもいる普通の女子大生だった美咲は、同じ大学の友人に誘われて星座研究会に出入りし、つばさたちと親睦を深めるものの、結果的に彼らに大きく裏切られることになる。

ただし、その裏切りの内実は、多くの人にとって連想しやすいような性暴力とはいささか毛色が異なる。実際、物語のプロローグには、「5人の男たちが1人の女を輪姦《りんかん》しようとしたかのように伝わっているのはまちがいである」との注意書きが付されている。『彼女は頭が悪いから』が事件の取材を通じて焦点化するのは、ただの性暴力ではない。学歴的エリート意識に根ざした女性のモノ化、これを共有する日本社会の病巣そのものである。

たとえば、クイズを出してわざと間違えさせる、その外見を「ネタ枠」として内々で嘲笑する、裸に剝がして踵《かかと》で蹴る、さらにはビンタする、カップラーメンの麵を腹に落とす……など、直接的に性欲を喚起させないこれら描かれた行動からは、「彼らがしたかったことは、偏差値の低い大学に通う生き物を、大嗤《おおわら》いすることだった。彼らにあったのは、ただ「東大ではない人間を馬鹿にしたい欲」だけだった」という理解も確かにうなずける。『彼女は頭が悪いから』はその支配欲を、ネット上に広がった「勘違い女」――低学歴のくせに有望な男に取り入って玉《たま》の輿《こし》を狙う卑しい奴《やつ》！――というレッテル貼り、二次的な被害とともに語ることで、単なる性暴力批判に留まらない奥深い問題提起力を確保している。第三二回柴田錬三郎賞を受賞した。

ジェンダー・クオータ制とはなにか

それにしても、四本はなぜ同大学のサークル内男女比にこだわるのだろうか。背後には東大という知的権威を利用して自分たちよりも学歴の低い女性を意のままにしようとする、極めて思想的な問題が横たわっている。知の内容そのものにだけ気取られる者は、権威の包装袋を附属的と見做《みな》すものの、知が裸で流通することはありえない。知は真理を探究する道具であるだけでなく、人を跪《ひざまず》かせる権力でもある。というよりも、真理への純粋な奉仕を謳《うた》うからこそ、かえってそれは由緒正しい威光を放つ警策となるのだ。

ここで対象にしているサークルが「有害な小集団」であることに疑う余地はない。そして、男女比平等論によれば、毒の発生原因はそのサークルをかたちづくる男女比の偏りに由来することになる。故に、比率が5：5に近づけばこのような毒性を抑えられるだろう、という算段だ。

実際、男女比の偏りがもたらす弊害は、現代日本政治にも容易にみてとれる。国会議員の男女比の実際の偏りは勿論《もちろん》のこと、政治家と聞いて多くの人が思い浮かべるのはいまなおスーツ姿の中年男性が典型を占めているのではないか。女性議員という言葉はメディアに頻出するが男性議員とはわざわざ断らない。議員であることと男性であることが暗黙のうちに結びついているからだ。数を均《なら》していく方向性が有力な解決策であると考えるのは至極まっとうといえよう。これをジェンダー・クオータ制という。quotaとは「割り当て」を意味する言葉だ。

男女平等を実現したいのならば、そのような趣旨の政策を素直に推奨すればよく、それを主導するのが女性でなくてもよいではないか、と思うかもしれない。しかし男性がマジョリティ（多数派＝強者）を占める現実の政治の場においては、その目標は多くの場合に頓挫しがちだ。中立に判断していると自認しながらも、実際のところ男女差をなくすことはかなわず、男性優位が自然な状態と信憑《しんぴょう》されている。

クオータ制を支持する政治学者のアン・フィリップスは、有権者が掲げられた公約のもと政党を選びその政策に取り組む政治を「表象の政治」と呼び、これと対比するかたちで属性そのものがもつ政治的代表の力を「存在の政治」と呼んでいる。representation から presence へ。注意すべきは「存在の政治」が言葉によってつむがれるものではなく、それを担う者が男なのか女なのか、人種に置き換えれば黒人なのか白人なのかアジア人なのかといった、特に身体《からだ》に備わっているとされる属性、アイデンティティ自体を政治的表現と捉えようとする姿勢だ。なにを言うかではなく、誰であるのかに焦点化したほうがよっぽど平等な結果が得られるとクオータ制は考える。

抵抗にあいやすい方法ではあるものの、たとえば日本の選挙の小選挙区制と比例代表制は実質的に地域的クオータと呼べるものであり、公正な結果のためには全国からの地域の代表者が必要だとする考えを呑《の》むのならば、男女比にも同じ発想を適用して当然と論じられたりしている。この視点は狭義の政治だけでなく、文化や生活に結ばれた広義の政治にも、なるほど応用可能にうつる。

「生まれ」の格差

さて、その上で、俎上《そじょう》に載せられている偏りが、男女の数の差だけではなく、偏差値が高い学校に通っている者とそうでない者、一流大学に通っている者と二流三流大学に通っている者という学（校）歴差が重ね書きされていることに注意するとき、問題はもう少し複雑な様相をみせる。くだんの事件でも、東大女子がお断りなだけで他大学の女子大生は普通に加入することができる。しかし、だからこそその選別の恣意性が問われてくる。

実際、姫野の小説はそういった細部も丁寧に拾いあげている。小学校の頃の美咲には、明日香という女友達がいたが、横浜市でも交通の便の悪い住所で暮らしていた自身とは違って、明日香の家は都心へのアクセスのいい立地にあり、さらには軽井沢の別荘を所有していた。そしてなにより明日香は公立中学ではなく日本女子大学附属中学、作中でいう「ふぞく」に進学している。「どうせ私は明日香ちゃんとはちがう」という心の声には、教育に関わる家庭環境の格差への視線が既に認められる。読者にとって、このギャップは肝心のつばさとの対比においてさらに激しくなる。というのも、東京都渋谷区に居を構えるつばさの父は農林水産省の国家公務員であり、子供たちは塾に通い、つばさの兄もまた東大に進学するほどの教育的投資力を見せつけるからだ。

今日の教育社会学は、戦後、教育平等の理念を掲げながらも、実際のところその目標は、社会階層がそのまま相続され、親の学歴が再生産されるという埋めがたい格差の前に挫折してきた歴史を教えている。高学歴の親からは高学歴の子供が、低学歴の子供からは低学歴の子供が生まれる。教育社会学者の松岡亮二の詳細な研究によれば、「生まれ」、つまりは親の階層だけでなく住んでいる地域ごとで異なる教育への熱意の差が、格差とダイレクトにつながっている。

このように考えてみたとき、悲劇的な事件の発生を抑止するため男女比の統制に同意するにしても、それだけで直面している毒性に対処できているかどうかはいささか怪しいところだ。特に姫野の小説が、暴走した性欲ではなく、学歴エリーティズムに根づいた支配欲に事件のアクセントを置いていたことを想《おも》えば、抜本的な解決のためには誰がどんな大学に所属しているのか、その割合に関する統制が求められるのかもしれない。

解像度を上げる

少しばかり注釈をつけ加えておけば、『彼女は頭が悪いから』は確かに学歴格差を一つの主題にしてはいるが、それは単なる低学歴と高学歴の不平等に留まらない。たとえば、男子大学生たちとカラオケに行くことになった美咲は、東京理科大学理学部の夜間部に通う井上菜摘を誘うものの、男子学生らの一人につい彼女が夜間部に通っていることを教えてしまい、菜摘に「嘲笑《あざわら》いたかったんでしょ？」と激昂《げきこう》される一幕がある。やがて学歴エリーティズムによって甚大な被害を受ける美咲は、しかしここではマイノリティ（夜間部）のコンプレックスを理解できないマジョリティ（昼間部）として君臨していることになる。

また、加害者であるつばさは、公立の中学時代、「親の金の力を自分の力だと錯覚し」た譲治という同級生に「まじめちゃん」といじられていた過去をもつ。譲治は慶応義塾の一貫教育校である慶応義塾ニューヨーク学院に進学するが、つばさに言わせればそれは「慶応ニューヨーク高から慶応大なんてやつは裏口入学同然だろ」というものだった。つまり、つばさからみれば、「生まれ」の経済力を利用して不当に学歴を取得した譲治などよりも我こそが個人の努力によって真に苦学してきたのだという自負がある。ただし、そんなつばさも「ずっと東京にいる竹内には地方のことはわかんないだろうけど」などと環境的優越の文脈で捉え直されもするのだが。

このように、マクロにみれば強者と弱者の単純な構図も、解像度を上げていけばまた別の対立の諸相が現れてくる。昼間部と夜間部、都市出身と地方出身等々。強調したいのは、統制のためのさらなるルール改訂ではなく、危険な差異とその偏りは性差に限ったものではないかもしれないという現状認識である。

フェミニストによるパリテ法批判

自然発生的に小集団を結成するとき、際立つわけではないものの後々大きな不正の元凶になりうる小さな差異の線が一緒に紛れ込んでいる。だから差があるのならば均さなければならない。それがクオータ制の発想であった。それにしても、どんな差ならば均すべきで、どんな差ならば放っておいていいのだろうか?

これはクオータ制導入に関する論争でもしばしば提起される論点のようだ。村上彩佳の「フランスの性別クオータ制「パリテ」に関する社会学的研究」は、パリテと呼ばれるクオータ制の発想に近いフランスの政治制度の成立背景を詳しく調査したものであるが、そのなかでパリテ法に反対した哲学者で歴史学者のエリザベート・バダンテールの立論を紹介している。

人間は必ず男性と女性の二つに分かれ、男性が議会の圧倒的多数を占めるのならば、そこには民主主義などあろうはずがない、だからパリテを。パリテ法導入論者はこう考える。しかし、このような主張は、男女の性差を人間にとって本質的なものとする理解を前提にしており、今日LGBTQの頭文字で知られる性的マイノリティの権利を見失わせがちな傾向をもつ。

それだけではない。差異主義と括《くく》られる上記のような主張は、平等の要求のために男女二元論を採用する。旧来的なフェミニズムからみれば、まさしくその男女二元論、女には男にはない家事労働や子育てに関する家庭的な適性があるのだ、といった立論こそ、女性の社会進出を拒んで不平等を押しつける公私二元論そのものにほかならない。外で稼いでくる夫（公的領域）と内で家族のケアをする妻（私的領域）。分かりやすい男女二元論には大きな陥穽《かんせい》があり、バダンテールは男性も女性も同じ人間だとする普遍主義を採らねばならない、と主張する。注意しておきたいのは、バダンテールが女性の政治参画の遅れを大いに憂えていたフェミニストの一人でもあったということだ。男性中心の社会を存命させたいという魂胆のもと普遍主義を唱えたわけではない。

もう一つ。人間にとって男女の性差が根本的だったとして、それは性差以外の差異の優先性を下げねばならない理由になるだろうか。ある集団内における人種、宗教、世代、障碍《しょうがい》の有無の統制よりも性差を第一とせねばならない理由とはなんなのか。

男女二元論に基づくクオータ制が性的マイノリティにとっては不利に働きうる点は既に触れた。書き留めておけば、このことは均すべき差異が実は外から容易に確認できるものばかりではないという大きな死角も暗示している。クオータ制のさらなる完成のために、LGBTQをチェックポイントとして追加すればいいと思うかもしれない。いや、その場合でも、クオータ制の眼鏡にかなうのは、自らその差異をカミングアウトできる自信をもったパーソナリティや精神状態を兼ね備えた者に限定されるはずだ。なんらかの理由でそれを秘匿したいマイノリティたちは、外見だけでいえば、単なる中年男性や一般的な日本人として我々の前に現れる。その属性を公開しない限り、彼らは強者やマジョリティの一派として数えられるだろう。差異を均そうとしても均すのに必須な可視化の手続きを踏めるかどうかで既に選別が終わっている。これはチェックポイントを増やしていく方向では決して解決しない難問である。

比の歪みを逆用する女、「オタサーの姫」

このように考えてみたとき、もしかしたら「オタサーの姫」と二〇一三年頃からインターネット・スラングで呼称される女性たちは、数的不等を前提にした上で、というよりもその不等を希少価値に変換することで、男性中心の力学を反転させることに成功したといえるのかもしれない。実際、「東大女子お断り」の東大サークルに関する聞き取り調査では、男性メンバーは勿論のこと非東大の女性メンバーの多くがその慣習に違和感をもたず、かえって恋愛機会の確保の観点から東大女子加入に消極的な意見が散見するのもそこでの「姫」扱いに由来しているようだ。

ここでいう「オタサー」とは、オタク・サークルの略語で、アニメ、マンガ、ゲームなど文化的に劣位に置かれがちな趣味に没頭する人々の集団を指す。かつてはテーブルトークRPGやトレーディングカードゲームなど、男性人気が高く、かつ複数人と対面で行う必要がある文化によくみられたものだったようだ。

男性が圧倒的多数を占めるなか、意図せず、またはあえてそこに所属し、メンバーにちやほやされる紅一点をこのスラングは「姫」と捉える。彼女が引き起こす二股三股の恋愛騒動によってしばしばサークルは決裂していくが、その場合は「サークルクラッシャー」と呼ばれることもある。なお、こちらの語は「オタサーの姫」よりも古く二〇〇五年頃には既に使われていたとの由。

かつて率先してサークルクラッシュにいそしんだ鶉《うずら》まどかによれば、恋愛経験の浅いオタクたちは、二人きりになって相手の理想通りの振舞いをしてやれば――趣味趣向を徹底的にリサーチし、会話においてはあからさまではないやり方で褒め尽くすといった面倒この上ない奉仕の精神が求められるものの――、簡単に片恋状態に持ち込めるのだという。

鶉の整理ではサークルクラッシャーには「無意識型」と「意識型」の二つのタイプがいる。第一のものは意図しないにも拘らず「姫」に祀《まつ》り上げられ結果的にクラッシュに加担することになるが、第二のものは明確な意志のもと複数のメンバーの好意を掌握することができる。鶉は後者に属し、その手練手管によって二年間で五つのサークルを解散に導いた実績を誇る。

鶉の言によれば、アイドルのように愛嬌を振りまく「オタサーの姫」と違ってサークルクラッシャーはサービス業、一対一の関係性に心血を注ぐが、いずれにせよ、注目すべきは数的不等は必ずしも女性に不利に働くばかりではないということだ。社会学者のキャサリン・ハキムは経済的・文化的な資本につけ加わるかたちで、「エロティック・キャピタル」（性的資本）という概念を提案し、社会的成功のための性的魅力の有用性を説く。これを不道徳と抑圧してきたのはむしろ旧来の男性中心社会であったというのがハキムの見立てだ。男女比の偏りはここでは希少性でもって資本の価値をより高める、女性へのエンパワメントを結果的に下支えしている。

集団的インターセクショナリティ

勿論、比のアンバランスを逆用するオタサーの姫がどれほど増えたとしても「女子が入ることのできないサークル」問題が解決するわけではない。誤解してはならない。そもそも、「オタサーの姫」にしても純粋な利得だけを享受できるかといえば、はなはだ怪しく、その振舞いがセクハラやストーカーといったリスクと裏腹にあることは留意して然《しか》るべきだろう。

整理しよう。ある小集団には差異が紛れ込み、その偏りが原因で不公正を働くかもしれない。だから、その偏りは均さねばならない。すると今度は数あるなかでなぜその種の差異が先んじて取り上げられねばならないのかの根拠づけを求められる。しかも、ときにその偏りはしばしばマイノリティにとって有利に働くものだったりもする。ここには確かに悩ましい難局がある。

これを集団的インターセクショナリティと形容できるかもしれない。インターセクショナリティとは、もともと一九八〇年代のブラック・フェミニズム、すなわち黒人女性の被差別状況を論じるために考案された概念で、語の提唱者であるキンバリー・クレンショーは女性であるだけでなく黒人でもあることでも被る困難を「交差点 intersection」として理解した。白人女性はフェミニズムには熱心だが、一歩でも人種問題に足を踏み入れると途端に鈍感になってしまう。それは女性問題を片づけてからでいいじゃないか、仲間割れみたいなことをけしかけるんじゃない、というわけだ。人種的マイノリティだけでなく、階級や年齢などの点に関してもその重なり合いを論じられることもある。かなり似た概念で、上野千鶴子はこれを「複合差別」と名づけている。

一個人のなかに一筋縄ではいかないさまざまな属性が重なり合って存在するように、一つの集団のなかにも女性対男性の対立図式では収まりきらない、一つの解法ではとても対処できない、いくつもの差異の相を拾える事態が確かにある。しかも、違うことが強みになる厄介もふくめて。それら差異の取り組みに関する優先度は、解釈者のもつ問題意識の置きどころによって決まるだろう。どんなに小さな集団であったとしても、それを何通りにもひらくことができるとき、比を揃《そろ》えるという目標の際限なさに目がくらむと同時に、ひらき方の作法をたがう解釈者同士のさらなる相克が予見される。

細分化する力としてのマイクロアグレッション

今日、差別に関する理解は精緻の一途を辿っている。一九七〇年代に精神科医のチェスター・ピアースによって初めて用いられ、現在、さらなる注目を浴びているマイクロアグレッションという概念は、そのよい証左である。

マイクロアグレッションとは、日常のなかに潜む特定の人種やジェンダーを軽視したり侮辱したりする攻撃的コミュニケーションのことである。たとえば、一二月二五日にあるキリスト教徒が隣人に対してなにげなく「メリークリスマス！」と祝いの言葉を述べて、その隣人がユダヤ人であった場合、マイクロアグレッションが成立していると見做される。彼が行ったのは、すべての人はキリスト教徒であるというバイアスに縛られた発話行為だからだ。

差別という概念自体が、既にそのような傾向を有していたわけだが、この例でも明らかなようにマイクロアグレッションは行為者のもつ意図や善意とは独立して成り立つ。かなり特殊な事情を想定しない限り、先のキリスト教徒に自分とは違う宗教や人種を軽んじようとする意志がなかっただろうことは疑えない。けれども、意図がどうであれ、バイアスに則《のっと》った行動をし、それによってユダヤ人が傷ついた（かもしれない）という結果は覆らない。無意識の差別とも呼ばれる所以《ゆえん》だ。

フロイトは『精神分析学入門』の冒頭を日常の「しくじり行為」の分析からはじめていた。言い間違いや書き損じ、物忘れなど、我々は日常生活でよくミスをする。これらは単なるたまたま、偶然の出来事として片づけていいような瑣事《さじ》にうつるものの、フロイトによれば、ここには本当の欲望の徴候がある。すなわち、抑圧されていてストレートに表には出せず、行き場をなくした欲望が歪んだかたちで表出する、そういう防衛機制がここで働いているのだ。

結婚式の前日にウェディング・ドレスの試着を忘れてその後に離婚した婦人は、ついうっかりで忘れたのではなく、本当はパートナーと結婚したくないという無意識の欲望があった。つまり、フロイトは偶然的な事象の根底に一個の意味の体系（無意識の理論）を想定したが、マイクロアグレッション論では同様の構図を引き継ぎつつも、エディプス・コンプレックスのような神話的要素も織り込んだ心の普遍的な理論を、マイノリティとマジョリティとの権力分析にすり替えて現代的復活を果たすのだ。

終わりなきマイクロアグレッション物語

マイノリティの心理学に詳しいD・W・スーは、マイクロアグレッションを三つに分類する。意識的なバイアス行動であるところのマイクロアサルト、無意識なままある属性を侮辱するマイクロインサルト、無意識なままある属性を無効化するよう仕向けるマイクロインバリデーションという区別がそれだ。狭義のマイクロアグレッションはとりわけ後者二項を指すことが多い。無効化とは、きみが何人だろうがぼくは気にしないよ、などと属性的現実があるのにそれを見てみぬふりをするような言動をいう。

このような差別論精緻化の横に、改めてインターセクショナリティ概念を置いてみたい。集団のなかには、あるグループと別のグループを分け隔てるような複数の線が走っており、それ以上に、個人のなかにも同様の入れ子構造がある。しかも個人レヴェルと集団レヴェルのそれが相互干渉している。加えて、その細分化の過程はいまや留まるところを知らず、現在進行形で進んでいるようにうつるのだ。

スーが挙げるあまり説得力を感じない例に、ある中間管理職の女性が男の同僚たちからランチに誘われないことを思い悩むというマイクロアグレッション的被害がある。職場において女性を除《の》け者《もの》にしようとする男たちによるバイアス行動なのではないか、というわけだ。

ためしに物語を足してみよう。その不満を同僚たちに訴え改善を求めたところ、ある一群の男性たちからその要求こそマイクロアグレッションなのだとの反応が返ってきた。というのも、その一群とは宗教上の理由で動物や魚を食べないヴィーガンで、職場の近くにはランチでヴィーガン食を提供するレストランがなかったからだ。そういう着眼点を欠いた不満感は肉食中心主義の隠れた傲慢さの露呈である。ならば、とヴィーガン御用達《ごようたし》のデリバリーを利用してともにランチをしてみたらどうか、と提案してみれば、さっきとは別の一群から、いいかげんにしてくれ、と声が上がった。中間管理職の女性とヴィーガンの男性たちは正社員だが、今度の一群は非正規労働者やアルバイトで、その給料では高価なランチを注文しただけで一日の稼ぎが吹き飛んでしまうだろう。かといって正社員のみでグループをつくろうものならば、疎外感で身を焦がすような屈辱が待ち構えている。しかも、男性陣のなかの一人の年若な男は、中間管理職の女性から性的経験がないことをよく「童貞」とからかわれ、彼女と同じ空気を吸っているだけで大きなストレスを感じ、ただただ機械的に仕事をしたいという一念で働いていたことを、いまはまだ誰も知らないのであった。

この物語に大団円の決着を与えることは難しい。喧騒《けんそう》は終わらない。誰かしらに怨恨が残る。どの文脈で、つまりは誰の（どの一群の）経験を中心化して物語を読むかによって、最善とされる処方箋は左右され、仮にもっとも配慮すべき属性、不動にすべき中心を決められるとして、その正しさでほかの人々に生じるだろう不満や未練を一掃できるとはとうてい思えない。しかも、マイクロアグレッション論の見立てのなかでは、誰もが被害者なのだから剣を鞘《さや》に収めねばならないという喧嘩《けんか》両成敗的な解決も斥《しりぞ》けられる。それこそ属性の中和によって差別的現実を無効化するマイクロアグレッションにほかならないからだ。

どの解釈者のひらき方が正しいかという議論をしたいのではない。ひとまずは集団を完全に統制することは、いまの時代、なかなかの難物であることを確認しておきたいのだ。

第二章　男たちの解毒史

ホモソーシャルとはなにか

フェミニズムには、ある集団内、特に男性共同体での絆や同調的なノリを指す用語として、既に「ホモソーシャル」という言葉がある。男たちがつどう飲み会では、どんな仕事をこなしてきたかとか、いままでの女性遍歴の多寡を競うといった地位や名誉に関する威勢の張り合いになることがままあるが、これなどは典型的なホモソーシャルなコミュニケーションと考えられる。

これは直接には、アメリカの文学研究者であったイヴ・コゾフスキー・セジウィックが一九八五年に出版した著書『男同士の絆』に由来する。セジウィックは近代イギリス文学を一つの材として、男性にとってのホモソーシャルな欲望を分析した。セジウィックのいうホモソーシャリティの特徴は、それが男同士の関係性を強固にするために女性を一個の財貨のように交換可能なものとして扱うという点にある。経験の人数を問い、その数を競う極めて男性中心的なコミュニケーションの場において、女性という対象はより男らしさを向上させるだけの点数になり下がる。

さらに彼女の独創的な論点として、ホモソーシャリティはホモフォビア（同性愛嫌悪）を巧みに隠しているとの指摘も忘れてはならない。女性を排除した上で男同士が集まって互いに甘噛《あまが》みし合うような関係性は、それ自体ホモセクシュアルな外見をもっているが、ホモフォビアを抱えた男性たちはわざわざ女性を交換物として扱い、これによって異性愛者としての面目を整えるのだという。

このような特徴を踏まえてみれば、『彼女は頭が悪いから』に描かれたようなサークルの脅威は、無反省なホモソーシャリティの暴走と理解することもできる。

実際、つばさが高校時代に属していたパドルテニス部の女子マネージャー二人は、漫画『タッチ』に登場するヒロイン浅倉南にちなんで、「朝倉」または「南」というニックネームで呼ばれ、本名が認識されることはない。ここには男性共同体維持に奉仕する女性像がグロテスクに表現されている。また、事件を起こす星座研究会のメンバーたちが行っていた女性の品定めや痴態動画の売買などには、東大の威光目当てに蝟集《いしゅう》する女たちを嘲ることで団結力を高める典型的ホモソーシャルが読みとれる。

有害で有毒な男性性

ホモソーシャル概念は、我々が論じようとするものの実態にぴたりと符合するように思われる。にも拘らず、本書では既に何度も「有害な小集団」という語を使ってきた。なぜ新たな用語で構え直さねばならないのか。それは、有害性のもついくぶんかねじれた効果を強調したいがためだ。

実は「有害な小集団」とは「有害な男性性 toxic masculinity」という、フェミニズムが再び力をもった二〇一〇年前後のアメリカでよく使われるようになった概念から借りてきたものだ。形容詞 toxic は、語源的にいえばギリシャ語の toxikon にさかのぼり、矢につける毒のことをいう。矢で傷を与えるだけでなく、仕込んだ毒でもって追い打ちをかける。それ故、toxic には有毒性の意味合いがあり、「有害な小集団」とは「有毒な小集団」とも言い換えられることを、ここで改めて指摘しておきたい。

現在用いられている「有害な男性性」は主に、感情を抑圧してたくましさをとりつくろったり、他者に対して支配的であるような伝統的に男っぽいとされるコミュニケーションの傾向を指している。アメリカではたびたび男性による銃乱射事件が起こるが、その背後には溜《た》まりに溜まった社会への憤懣《ふんまん》を上手《うま》くコントロールすることができず暴発してしまう、感情制御に苦手を抱えたネガティブな男らしさがあり、それを指すのにもこの語が用いられたりする。

ただし、概念の射程は、女性にとっての脅威に留まらない。というのも、タフネスを持ち合わせていなければ男にあらず、といった伝統的な規範は、権力者とはいいがたい多くの男性にとっても身の丈に合わない要求で疲弊させる害をなすからだ。力をもつほうも荷が重い。つまり、「有害な男性性」の毒は、周囲の人間への悪影響は勿論のこと、個々の男性自身にとっても大きな負荷として還《かえ》ってくる。毒は二重に広がる。

見出《みいだ》される「ネタ枠」

同じことは「有害な小集団」にもいえる。再び『彼女は頭が悪いから』を紐解《ひもと》いてみよう。

美咲とつばさは決して最初から不純な関係であったのではない。飲み会を二人で抜けだして夜の水上バスでデートする場面は、さながら恋愛小説のような甘い印象さえ与える。つばさの側に別の意中の女性ができて、次第に美咲とはセックスだけの関係になり、やがて疎遠になっていく過程があるにしてもそうだ。

つばさの態度が一転するのが、星座研究会の飲み会に美咲を誘った際、彼女と初対面のメンバーの一人から「神立さんてヒト、来ました。ＤＢ――」「――このヒトはネタ枠ですね（笑）」というメッセージを受け取ってからだ。ここでいうＤＢとはデブでブスの隠語である。「自分より下ってかんじっぽい」メンバーが「自分がまぐわった女をＤＢだと、ネタ枠だと、判定してきた」ことにつばさは恥辱を覚える。そこから種々のハラスメントや美咲の体を触らせるといった凶行がいよいよエスカレートしていく。

仲間内で評価の低い（なのに肉体関係のある）女性をあえて杜撰《ずさん》に扱うことで、男性共同体内での序列争いで優位を維持しようとするホモソーシャルがここにある。と同時に、その集団的な媒介がなければ、つばさが美咲を切り捨て凶行をけしかけることもなかっただろうし、その果てに東京大学大学院の退学処分を言い渡されることもなかっただろう。

小説の筋を追う限り、つばさにとって美咲がそこまでおぞましい存在だったとは思えないし、恋愛小説めいたいくつかの情感には彼女に対する率直な好意さえ読みとれなくもない。「有害な小集団」が厄介なのは、他者だけでなく自分自身をも蝕《むしば》み、権力関係に従順な人形に変えてしまうところにある。

男性運動から生まれた

加害者をあたかも被害者のように描き出した。このような筆致には必然性がある。「有害な男性性」の概念は今日でこそフェミニズム的な男性中心主義批判の文脈で用いられることが多いが、来歴をさかのぼってみれば、そもそもは一九九〇年代のアメリカで流行した男たちの運動、堕落した男性像の復権を目指す運動のなかで発明されたものだったからだ。

これを神話形成的男性運動（mythopoetic men's movement）という。八〇年代から草の根的に広がり、九〇年刊行の詩人のロバート・ブライ『アイアン・ジョン』（邦訳は『アイアン・ジョンの魂』）によって急速な広がりをみせる。男たちだけで集まる治療ワークショップ、またはネイティブ・アメリカンに倣った儀式（かがり火のもと太鼓を叩《たた》いたり踊ったり）を経て、現代文明の産業社会では失われてしまった健全な男性像を取り戻そうとする……というのが具体的な活動内容だ。

この特徴から明らかなように、神話形成的男性運動の問題意識は通過儀礼の喪失にあり、男の堕落とは父親に象徴されるような大人になる契機をきちんと踏まなかった未熟に求められる。言い換えれば、男らしさの否定や反省というよりも、まっとうな男らしさが足りないとこの運動は考える。

神話的とは、この運動がユング派心理学によって牽引《けんいん》されてきた点にゆかりがある。ユングはフロイトと並ぶ心理学の二大潮流の一つだが、特に元《アーキタイプ》型の考え方によって知られる。つまり、人間の無意識には共通のシンボルがあり、太古までさかのぼるその神話的イメージの上で個々人の意識が確立されていく。夢を分析する際も元型での読解が鍵となる。

有名なものだとアニマとアニムス。アニマは男性のなかの内なる女性性を、アニムスは女性のなかの男性性を指す。すべてを包み込むと同時にそれを絞め殺してしまうグレートマザーなどもよく知られたところだろうか。

アイアン・ジョン／鉄のハンス／ワイルド・マンの再発見

一九二六年生まれのブライは、もとはシュルレアリスム的な作風をもった詩人として高く評価されていたが『アイアン・ジョン』がベストセラーになったことでさらにその文名を高めた。『アイアン・ジョン』を実際に捲《めく》ってみると、なるほど確かにユング派に顕著な神話の援用が、古今東西の文献の彩りとともに認められる。

そもそも表題のアイアン・ジョンとは、「鉄のハンス」の名で知られるグリム童話の一篇のことである。森で乱暴を働いていた野人、鉄のハンス（ブライはそれを「ワイルド・マン」とも呼ぶ）を宮殿のなかに幽閉していたのに、王の息子はその扉を開け、封印を解き、二人で森へと逃げてしまう。触れたものを黄金にする不思議な泉の番に失敗し、髪を黄金にしてしまった息子はハンスのもとを離れ、紆余《うよ》曲折あって戦争で名を上げたことで別の国の王座へと帰ってくる。貴種流離譚《たん》の一種である。

注目すべきは、貴種が自動的に継承されるのではなく、流離を経て獲得されるということだ。いうまでもなく、その流離こそ通過儀礼にほかならない。

ブライの分析によれば、六〇年代から七〇年代を通じて、フェミニズム運動が広がるなか、アメリカのマジョリティ男性、つまりは異性愛的で中産階級の中年男性の自尊心には支えがなくなった。その結果、旧弊の男性像が時代の説得力を失ったことでなにごとにも受け身の軟弱男が急増し、フェミニストはその変化を歓迎もしたが、男たち自身は一向に幸せにはならなかった。理由は、父親との深い語り合いを避け、男らしさをまっとうに学べなかった不能にある。不能な子供は不能な父となり、自分の子供たちにも父の偉大さを伝えない不干渉に徹するだろう。受け身の再生産。

彼らは成人しても実家に住みつづけ、ママの子として一生自立できない。神話になぞらえていえば、自分のなかにあるはずの力強さの源泉（＝アイアン・ジョン）に向き合わず、母的なものの象徴である宮殿の庇護《ひご》に守られぬくぬくと育ってしまったわけだ。

一昔前の日本人論でいえば、土居健郎《たけお》『「甘え」の構造』（一九七一年）の立論によく似ている。土居は、アメリカ人とのコミュニケーションのなかで感じた自身の違和から出発して、日米の心理的特徴を比較、日本における母子未分化状態（＝父の不在）の持続にその特殊性の原因を求めた。あれのアメリカ版と考えていいかもしれない。実はブライは後述の続篇で土居の著作を参照してもいる。

ブライの指摘するところで面白いのは、映画『スター・ウォーズ』のダース・ベイダーは男性の失墜を表す象徴的なキャラクターなのだという。ダース・ベイダーとは主人公の父であるにも拘らず（ネタバレ御免！）打ち倒すべき敵、作中でいうところの暗黒面《ダークサイド》の登場人物である。ブライからしてみれば、ダース・ベイダーとはダーク・ファーザーであり、その造形を支えているのは、父などさしたる存在ではなく疑いの目でみて構わないという時代の共通認識である。

なお、ブライの著作には、野外での自給自足生活をつづった古典『森の生活』で有名なヘンリー・デイヴィッド・ソローに関するアンソロジー本もあるが、コンピュータ批判もふくめて、これなども自力がものをいう大自然での生活に通過儀礼を求めるブライの傾向とひとつづきのものといえる。

Toxic対Deep

もし神話形成的男性運動に関心があるのならば、『アイアン・ジョン』よりも、主張がずっと直截《ちょくせつ》的な続篇『未熟なオトナと不遜なコドモ』を訪ねるとよい。原題は*The Sibling Society*で、一九九六年に刊行された。邦訳では「きょうだい主義社会」という訳語を与えられているが、Siblingとは兄弟姉妹を意味し、父親や目上の人の権威が失墜し、みなが兄弟のように対等な関係になった現代社会を批判的に描き出すために用いられている。垂直思考（父子関係）から水平思考（兄弟関係）に、とも言い換えられる。

神話形成的男性運動とフェミニスト男性による運動の違いを説明しながら、フェミニスト男性は「伝統的男らしさは女性の抑圧を通じて自分の正しさを立証しているという説を提唱している。彼らにとって男らしさとは、毒のように本質的に有害なものなのである」とブライは述べる。第二文の原文は「Masculinity to them is essentially toxic, like a poison」。フェミニズムに共感する男性にとって、男性性とはすなわち「有害な男性性」である。それ以外はない。

対して、ブライ自身をふくめた神話形成的男性運動共鳴者はそうは考えない。競争心や攻撃心に有害性があることは確かだが、男らしさそのものはそれだけに限定されるわけではない。ブライはここで「deep masculinity」（深い男性性）という概念に触れている。つまり、男性性を有害なものと無害なもの、というよりも社会を継承していくのになくてはならないジェンダー的成熟に分けて、後者の獲得を新たな目標に据えるのだ。

ブライに献辞が捧《ささ》げられた、男性運動を代表する九〇年刊行の一書、ロバート・ムーア＋ダグラス・ジレット『男らしさの心理学』にも同様の問題意識と術語を認めることができる。ユング派の学者によって書かれたこの書物の原題は *King, Warrior, Magician, Lover*（『王、戦士、魔術師、愛する男』）で、その四つは現代男性が失った男らしさに関する元型を指し、これらを再動員することで男たちは少年心理から決別し成人心理を獲得しなければならない。男性批判ではなく男性性の徹底の目標はここでも顔をのぞかせる。つまりフェミニズムは他者を踏みにじってやまない家父長制を批判することで女性は勿論、男性も解放しようと試みたが、「真に深く根を張った男性性 truly deep and rooted masculinity」はそもそも攻撃的ではない、というのだ。

形容詞 deep の語感は、詩人として名を馳《は》せていた時代からブライにとって因縁のものだったようだ。というのも、五〇年代末から六〇年代初頭にかけて民俗学者で詩人のジェローム・ローゼンバーグらが使いはじめた deep image 派なる詩の潮流からブライは影響を受けていたからだ。ブライにとって deep image は現実世界や客観を持ち込まずに自分でも気づかないような深い内面、シュルレアリスム的な無意識をアメリカ詩に根づかせる使命として存在した。つまり、deep masculinity とはブライのもともともっていたシュルレアリスム的な精神世界への志向性とユング派の元型心理学が合流して生まれたものだったといえる。

フェミニストからみた疑問

男性性を良い面と悪い面に分けて、悪い面の除去や治癒を目指せばいい。その意味で、男性性を放棄するのではなく洗練、そぎ落としが肝要である。

このような主張は、フェミニストからすれば、いくらか煙《けむ》に巻くような印象を与えるかもしれない。男性と女性の対立図式、その非対称を強調してきた立場に対して、神話形成的男性運動は、真の対立とは、男性のなかにある有害なものと無害なものに宿る、と応えるのだから。

特に、無害でより深いとされる側のなかにはワイルド・マンや戦士といった雄々しいイメージが相変わらず割り当てられ、他方で、子供っぽさや受け身であること、なよなよした性格は克服されるべきものとして動かないのは無視できない。

また、男らしさ／女らしさは生得的なものではなく文化的につくられているにすぎないとする、いわゆる社会構築論に依拠することの多いフェミニストにとって、運動のなかで望見される本来的男性性なるものが太古にさかのぼる不変の性格を備えていることにも争いの種がある。元型はユングの原典からして遺伝的なもので、人為の力でどうにかなるものではない。だからこそ垂直思考は神話的世界にまでさかのぼるのだ。本来的男性性の回復を訴えるあまり女性解放運動の頓珍漢を指摘するブライの筆致にも、おそらく不愉快を禁じえないだろう。実際、神話形成的男性運動は多くのフェミニストから、バックラッシュ（揺り戻し、先進的運動に対する反動のこと）や先祖返りした男性性といった批判の的にされてきた。

トカゲのしっぽ切り？

このような経緯が、ホモソーシャルと「毒」の術語を分かつポイントとなる。前者はマジョリティがマイノリティを用いて権力を独占する仕組みを解き明かすために用いられたが、後者はそのような仕組みを反省的に捉えマジョリティがマジョリティ自身の手によって身を清める振舞いのなかで用いられてきた来歴がある。

しかし、そのことによって二つの評価が生じるだろう。一つは、現在「有害な男性性」論を唱える男性論者があずかっているだろう、自ら内省を徹底させるその問題意識が素晴らしいといったポジティブな評価。もう一つは、トカゲのしっぽ切りよろしく、あらかじめ捨ててもいいものを敵役にして、パフォーマンスは一人前、とはいえ肝心のコアを温存しているのではないかというネガティブな評価。神話形成的男性運動はこれをパフォーマンスなしに真剣《マジ》にやったと自認し、運動に懐疑的なフェミニストはその背後に男性の優位を依然確保しようとする下心を看取する。

つまり、「毒」の術語には周囲と自分自身を二重に害するだけでなく、その使用にあっても二様の解釈が常にせめぎ合うことで、決して清廉潔白を保てない、胡散臭《うさんくさ》さと後ろめたさを拭えない襞《ひだ》がある。

使用の目的がはっきりしているホモソーシャルと違って、「毒」の術語系には、言葉の操作そのものがなにか毒されているのではないかという不安がある。改めて断っておけば、本書はこの残存する不安こそを改めて注視してみたい。男女同数が正しいことは分かった、とはいっても……。その「……」の余韻には、少なくとも現在までそれによって養われ育てられてきた自分が感じる居心地の悪さがある。最悪なデザインだったとしても揺り籠は揺り籠だ。そのような自分なるものが仮に全否定されるべきだったとしても、にも拘らずなぜためらいを感じるのか、感じる人がいるのか、という疑問に応えることには一定の便益があるはずだ。本書がホモソーシャルよりも「有害な小集団」という語を用いる理由はここにある。

さまざまなる毒

「有害な小集団」は「有害な男性性」に由来している。ただ、このような毒にひっかけた鍵語造りはどうやら当時の心理学界を中心に広く認められたものでもあったようだ。『男らしさの心理学』を読んでいると、スイスの心理学者であるアリス・ミラーが唱えたらしい「毒をもった教育学 poisonous pedagogy」という言葉に出会う。これは、かつてはよきしつけと見做されていたものの、その効果は実は正反対の悪影響を子供にもたらしていたとする、彼女の「闇教育」と同義の概念としてある。二〇〇六年にはイギリスの教育評論家スー・パーマーが『有害な子供時代』(Toxic Childhood)という本を出している。最近では、「有害なポジティヴィティー toxic positivity」という語も現れたようだ。人生を前向きに捉えることの害を摘発するための語だ。

なかでももっとも有名なのが、児童虐待を筆頭に、日々のコミュニケーションで子供の自尊心や安心感を著しく損ねる親の害悪を摘発した、アメリカの心理療法士スーザン・フォワードの『毒になる親』(Toxic Parents)だ。原書は一九八九年に、日本語訳は九九年に刊行され、「毒親」の略語とともに広く人口に膾炙《かいしや》した。欠点を抱えた親は多いが、子供にとって悪影響のある行動パターンが執拗《しつよう》に継続することで、毒親は子供が成人になっても反復するトラウマの原因となってしまう。

フォワードにしろ、ほかの例にしろ、そこで強調されているのが、本来は享受者(多くは児童の心理)にとって有益なはずのものが、実際にはそれと正反対の作用をもたらしてしまう逆効果に「毒」を見出している点だ。ここでも強調しておけば、そこでいわれているのは「有害な男性性」がそうであったように、同じ特徴のポジとネガの両義性をいうのではなく、特徴のなかのポジに評価できる部分とネガに評価できる部分を切り分けて、なくなるべきものを除去する作業と並行している。

毒親でいえば、たとえば、子供に対する人格否定の言葉、体罰、支配欲、また親自身の薬物中毒状態は純然たるネガでしかなく、否定されて当然の価値しかもたない。その理論では、支配欲が愛情や庇護心の裏返しであるとは考えないし、そもそも悪影響ありの一点が確定している以上、さしたる重みをもちようがない。なければないほうがよい。

このように考えてみたとき、薬と毒を選《よ》り分けて後者を捨てよと命じる「毒」の術語系は、毒が同時に薬でもあるような、より厄介な局面から逃げてしまっている印象を受ける。しかし、その操作で本当に薬だけを残すことなどできるのだろうか？「有害な小集団」概念が提起するのは、よき特徴と悪《あ》しき特徴があるので悪いほうだけ捨てればいいというのではなく、用法次第でそれらが現れたり隠れたりするだけなのではないか、という問いかけだ。

第三章　政治と文学とサークル——人文主義の暗がり（1）

毒婦という元祖クラッシャー？

アメリカの心理学界隈《かいわい》から「毒」の術語はやってきた。ところで、日本にもその用法に近しい「毒」があったことを忘れてはならない。すなわちそれを「毒婦」という。

毒婦は、奸婦《かんぷ》や悪女、歌舞伎の世界だと悪婆《あくば》といわれる役柄の類義語で、特に複数の男たちを騙《だま》して悪行を働く腹黒い女性を指すのに用いられる。記憶に新しいところでは、二〇〇七年からはじまる首都圏連続不審死事件の犯人として逮捕された木嶋佳苗《かなえ》に対して週刊誌がこぞってその呼称を使っていた。木嶋はインターネットの婚活サイトで結婚願望をもった男性と接触し、結婚をちらつかせることによって経済的援助を受け、邪魔になれば自殺にみせかけて三人の男性を殺害したという。お世辞にも容姿端麗とはいいがたい風貌にも拘らず、性的魅力を武器に複数の男を手玉にとっていく落差に世間の注目が集まった。本人は無実を主張したものの、二〇一七年に死刑が確定した。

もともと毒婦ものは、明治一〇年代の新聞小説にあった「つづき物」と呼ばれるジャンルのなかで誕生した類型だった。当時の新聞には、大新聞と小新聞の二つがあり、前者は知識人を主要読者にした政治ニュースを取り扱ったが、後者は今日でいうイエロージャーナリズムに通じるような通俗的媒体であって、読者は一般大衆、市井で起きる出来事に材を求めた。毒婦ものはその小新聞に載った。人々を楽しませる娯楽の一面は当然として、そこでは事実性と勧善懲悪（善人が勝利し悪人が懲らしめられる）が重んじられた。

事実性の重視とは、実際に起きた事件に取材したために、造形された毒婦の背後には現実の女性のモデルがあったということだ。毒婦ものの代表作とされる仮名垣魯文《かながきろぶん》『高橋阿《お》伝夜刃譚《でんやしやものがたり》』は、旅人宿にて剃刀《かみそり》で男の喉を切って殺したことで一八七九（明治一二）年に処刑された高橋お伝という実在の女の人生を、裁判の経過と同時並行的に連載していくことで人気を博した。

毒婦の最期は必ず陰惨な結末を辿る。『高橋阿伝夜刃譚』では、男殺しと裁判での偽証によって死刑に処せられたが、その死体は解剖され、しかも死体は親族らによって引きとりを拒否される。毒婦ものの嚆矢《こうし》とされる久保田彦作『鳥追《とりおい》阿松《おまつ》海上新話』でも、お松という女が一時は改心して悪行の原因となった自分の美しい顔を焼くものの、その後また盗みを働き、その傷の悪化によって狂い死ぬ。ここでも「毒」は周囲の人々と毒婦自身の二重の広がりのなかで害を発揮するのだ。いわば、有害な女性性である。

ただし、毒婦ものにおいて、その物語全体が勧善懲悪の道徳律によって統《す》べられていることは改めて強調せねばならない。『高橋阿伝夜刃譚』の末尾は「悪人亡《ほろ》び善人栄へ世の開明ます〳〵進み衆庶《ひとびと》万歳を唱へたり目出たし〳〵〳〵」と露骨にすぎる終わり方を迎える。毒婦は近代化のなかで求められていた婦人や貞女、たぶんに西洋的な女性の理想像を称揚するため求められた敵役《ヒール》でもあった。性的資本という概念を既にみているが、数少ない資本を元手に世を渡っていく特異なキャリアアップである、という方向で毒婦が語られることはない。「毒」婦は、単に切り捨てるべきもの、なによりも跡形もなくなることが最善である腫瘍の塊として捉えられている。

我の強い語り手

ところで、『彼女は頭が悪いから』の語り手にも特有の勧善懲悪的な視線があったことは意外に指摘されない。
　たとえば、つばさは実家暮らしをしながら大学に通っていた。そのせいもあってか、「専業主婦って、収入なくても夫に収入あったらクレジットカードはもらえるし、年金は国が出してくれるし、パラダイスだもんな」と彼の母親もそうであるところの主婦業を軽んじるのだが、その言葉の直後の地の文では次のような指摘がなされる。
「そのパラダイス・ママおらばこそ、冷蔵庫を開ければ好きな飲み物があり、食事どきには食べ物が食卓にあり、飲んで食べたら食器は片づけられ洗われ、ベッドに入れば洗濯したシーツと枕カバーに包まれ、Tシャツの襟ぐりがくたってきたら真新しいそれがチェストの引き出しを開ければ入っていることに、つばさは気づかない。ママのほうも気づく時間や機会を息子に与えなかった」（姫野カオルコ『彼女は頭が悪いから』）
　登場人物を単に描出するだけではなく、その振舞いを裁断しようとする明確な語り手の意志がここにはある。お節介な語りは読者に評価をゆだねない。かえって押しつけてくる。これは近代文学といわれるジャンルの創作物では、いささか珍しい特徴性だ。というのも、近代文学の近代性とは、戯作《げさく》にあった勧善懲悪、善き者が勝利し悪しき者が敗北するような教訓から離脱して、人間のリアルを粉飾なく見つめることにその本質がある、とよく捉えられるからだ。姫野作の語り手には一定の道徳観がある。

「人文」ならば大丈夫？

その我の強さは、作中において「人文」を語るときにもっとも強く現れる。

工学部に通うことになるつばさは北原白秋の「片恋」に関する単語の抜けたラブレターをもらう。「薄着のねるのわがうれひ」の抜けている部分に入る言葉を答えよ、というもので、正解は「片恋の」となって想いが通じるという仕掛けだ。が、つばさは、それがなにを意味するのか分からず、同じ中学出身の山岸遥を頼らねばならないほど文学的教養の軽薄な人物として造形されている。終盤、クイズの出し合いで威勢を張る展開があるが、この文学クイズにつばさは答えられないし、答えられないことに羞恥も感じない。

さらに、山岸は「坂口なんとかいう小説家のファン」が高じて、「私は東洋大の文学部に行って堕落する」と進路を決めるのだが、つばさにはやはりその元ネタが分からない。いうまでもなく、東洋大学印度哲学倫理学科を出、『堕落論』の作者として有名な坂口安吾のことだ。極めつけに語り手は次のようなアングル化に躊躇《ちゅうちょ》しない。

「偏差値についての引け目は、東大よりもお茶の水よりも、水谷女子大の学生が強い。だがそれゆえに、その引け目を、その挫折を、自己の裡《うち》でいかに対処するか、どう消化するか、その葛藤により、東大の女子学生にもお茶の水女子大の学生にも、まず生まれることはない、みずみずしい陰影の人文が生まれることがある。それこそ引け目のダイバーシティであるのだが、星座研究会のメンバーはみな優秀な理I出なので、そんな陰影はロースペックの証《あかし》でしかない」（同前）

この小説では理系的工学的な知が悪魔化される一方でその対照をなす人文的な知が神聖視されている。だからこそ、劣等感の反省からくる「人文」的な素養が獲得できれば、あたかも性差別に加担しないかのようなこの書きぶりが結実する。インターセクショナリティは、性差や学歴差に加え、理系と文系の線も招き入れていたわけだが、それにしても、ここでの語りを率直に信じることは難しい。文学の素養があったとしても、性暴力や各種ハラスメントに加担しないことの保証にはならない。

『彼女は頭が悪いから』は素直に読めばずいぶんと救いのない話だ。そんななか、語り手がもっている「人文」への信頼は、毒に侵されないための稀有《けう》な最後の希望として読者にいくばくかの慰めを与えているようにも読める。が、同時にその甘さが、強いていえば、本作最大の弱点のようにうつるのだ。

本章と次章では、文学や思想の力のもとにつどった集団（サークル）が、しかし暴力的な貌《かお》を剝き出しにした二つの事例を確認することで、「人文」では毒に対する特効薬にはならないこと、その淡い期待をあらかじめ砕いておきたい。人文主義の啓蒙《エンライトメント》＝照明では届かない、かえっていっそう黒々とした暗がりができてしまう。第一に取り上げたいのは「政治と文学」論争とこれに関連した戦前におけるサークル文化の導入経緯であり、第二は谷川雁《がん》の『サークル村』の実践のなかで起きた女性暴行事件である。

「政治と文学」論争概説

日本プロレタリア文学の代表作といってもいい『蟹工船《かにこうせん》』の作者として名の知れた小林多喜二は、日本共産党の作家として華々しく活躍するも、一九三三年に特高による拷問を受けて無残にも殺された。二九歳の若さだった。

そんな晩年の多喜二には『党生活者』というタイトルの未完の長篇小説があった。語り手の「私」（本名は佐々木安治）は工場で働きながら、隠れ党員として政治運動を組織しようとする。が、次々と仲間が捕まっていくなか、その生活を維持することも難しく、身を隠して地下活動に従事せざるをえなくなる。そんなおり、笠原という女と知り合いになり、特高への目くらましのため夫婦のような生活を送ることになる。このような偽装工作をハウスキーパー制度という。が、結果的には笠原も「赤」（共産党員）なのではないかという噂《うわさ》が立つことで馘首《かくしゅ》を余儀なくされた。仲間の情勢もかんばしくなく、党員たちにとって窮地がつづくものの、最後まで運動の灯を信じつづけて「前編」は終わる。後編はついぞ書かれなかった。

戦後、同人誌『近代文学』のメンバーであった批評家の平野謙と荒正人《あらまさひと》は、革命の大義のために笠原を道具のように扱う「私」の態度を厳しく批判し、マルクス主義文学運動のなかにあったヒューマニズム無視、文学に対する政治の優位性を改めて問題視した。対して、戦前から党員作家として活躍していた中野重治は、若い批評家連中は当時厳しい道のりを歩まねばならなかった革命運動の必至を理解していないとして、もし多喜二の女性問題を論じたいのならば、運動に身を粉にして働く息子に対する母の姿勢を見よ、と応じた。いわゆる、「政治と文学」論争である。

特に平野にとってハウスキーパー問題は根深く、『「リンチ共産党事件」の思い出』が一九七六年に刊行されているが、平野はスパイ疑惑での査問中に死んだ小畑達夫と知り合いで、そのとき同時に査問されていた大泉兼蔵には熊沢光子《てるこ》というハウスキーパーがおり、彼女は大泉への疑惑に巻き込まれるかたちで逮捕、獄中で縊死《いし》するという結末を辿っていた。

感情的な（?）笠原

ご推察の通り、争点は『党生活者』における笠原という女性登場人物の描かれ方に集中した。

もともと笠原は左翼運動に好感をもっていたものの積極的に参加するほどの熱意はなく、追われる身の上のため住所をなくした「私」に一晩の宿を貸したのが縁となり、より密接な関係を築くことになった。客観的にみる限り「私」は笠原に対して一方的な借りがある、それ以上に「私」の運動の活動費すら笠原の懐から出ているというのに、「私」の彼女への態度は不遜に満ちている。笠原は勤めていたタイピストの仕事を首になり、「私」の命によっていやいやながらカフェーの女給職に従事するようになる。このような献身にも拘らず、「私」は不満げな彼女を「気象台」に喩《たと》える。「些細《ささい》のことで燥《はしや》いだり、又逆に直《す》ぐ不貞腐《ふてく》された。こういう性質《たち》のものは、とうてい我々のような仕事をやって行くことは出来ない」からだ。

アメリカの作家レベッカ・ソルニットならば「「生意気」、「キーキーうるさい」、「ふしだら」」、「ヒステリック」といった女性をこき下ろすための言葉はとても多いが、これらが男性に対して使われることはほとんどない」と皮肉を投げかけるところだろうし、もう少しアカデミックにいえば、アリー・R・ホックシールドが指摘する、社会的に求められる感情管理のジェンダー的非対称性を当てはめてもいい。男性は理性的だが、女性は感情的で冷静な判断をすることができない、またはできないほうが自然だとする偏見はなるほど根強い。

実質的に夫婦のような生活を送っている笠原は、たまには「私」と一緒に外を出歩きたいと考えるが、特高に追われている「私」にそんな自由はない。その態度を受けて不機嫌になる女は、しかし「私」からみればマルクス主義の「全プロレタリアートの解放の仕事」の神聖さを理解せずに私生活の充実を優先させている小市民のようにうつる。ブルジョワ根性でことを構えている。当世風にいえば、個人生活を充実させることしか考えていないネオリベ風情が、といったところか。

笠原が実際に述べたのか、はたまた「私」が笠原の心中を勝手に代言したのか、さらには皮肉なのか悲痛な訴えなのかさえ定かではない、「あなたは偉い人だから、私のような馬鹿が犠牲になるのは当り前だ！」という笠原の台詞は、エリーティズムの波及効果もふくめて元祖『彼女は頭が悪いから』の風格を認めることができる。「政治と文学」論争とは、笠原が作中で「彼女は（マルクス主義的に）頭が悪いから」と扱われていたことへの批判でもあった。

戦前の共産党に関しては、大衆の生活感情と遊離した革命ヴィジョンの妄信的高まりがしばしば指摘される。マルクス主義の理論家である福本和夫の難解な運動論、すなわち福本イズムに熱狂したのは東京帝国大学の新人会に属するエリート学生だったことはここで思い出しておいていいかもしれない。良き「頭」によって大衆を先導しようとする姿勢が運動の蹉跌《さてつ》となったのではないかという議論は昔から絶えない。

人間の屑《くず》

笠原を劣位にみる描写は、同じ女性の、しかし今度は党員として活動している伊藤ヨシと比較するなかでも露骨に浮きあがってくる。

伊藤は「私」と行動をともにする女同志で、作中において長い時間、共同作業することになる。彼女は高等学校を出たあと、工場勤めを転々と繰り返しながら運動に参加、実際に何度か捕まったこともあり、相当の運動的経験値を溜めたベテランである。警官による拷問によって受けた傷跡をみせることで当初は協力的でなかった母親を懐柔する挿話があるが、人を引き込むその手腕は肉親にだけ働いたのではなかった。つまり、「少しでも暇があると浅草のレビュウへ行ったり、日本物の映画を見たり、プロレタリア小説などを読んでいた。そして彼女はそれを直ちに巧みに未組織をつかむときに話題を持ち出して利用する」のだ。

いうまでもなく、ただの芸術ファンなのではない。政治意識にうとい「未組織」を自分たちの協力員に仕立てるために、その方便として舞台や映画や小説が用いられているのだ。作中、伊藤が知り合った女工らを率いて芝居を見に行くときは、その場を「左翼劇場」にすることを明確に意図している。吉本隆明は彼女を「人間の屑」と評して、「私」以上にこきおろすのだが、その目的意識は文学を愛する善良な人心につけこみ、自分たちの陣営を強化せんとする方向に統べられている。

目的意識という言葉は、青野季吉《あおのすえきち》「自然生長と目的意識」(一九二六年)以来のプロレタリア芸術運動論の鍵語である。自然発生性と対で捉えられた「目的意識」は、日常のなんてことはない娯楽の愉しみさえも政治的目的へとかしずかせる。マキャベリズムはいつも愛想のいい声色を使う。小説のなかの「私」は伊藤を「潜ぐるとかえって街頭的になり、現実の労働者の生活の雰囲気から離れて行く型と、この伊藤は正反対を行った」と説明し褒《ほ》め称《たた》えているが、党員が身分を隠すのは、特高の監視をかいくぐるという消極的な目当てだけでなく、中立的と油断させておいてから労働者たちを的確に捕獲する戦略に資するものでもあった。

用語「サークル」の起源譚

伊藤の振舞いは、当時、プロレタリア文学運動において非常に強い影響力を誇った批評家、蔵原惟人《これひと》のサークル論と軌を一にしている。

蔵原は評論「プロレタリア・レアリズムへの道」（一九二八年）で、近代文学の王道を往《ゆ》く自然主義を、抽象的な人間理解に立脚して個人主義に偏し、社会的観点が希薄なブルジョワ・リアリズムであると規定し、来たるべき「プロレタリア・レアリズム」はこのアキレスを克服した社会的・階級的な文学でなければならないと唱道した。これにつづく仕方で絶賛され、のちの世にとっても基本的な理解をかたちづくった『蟹工船』や『党生活者』を代表とする多喜二文学への高い評価のなかに、待ち望んだリアリズムの具現化を認めることはそう難しくない。『党生活者』の末尾には「この一篇を同志蔵原惟人におくる」の献辞がある。

そんな蔵原が「古川荘一郎」の筆名で「プロレタリア芸術運動の組織問題」を発表したのが、一九三一年六月の『ナップ』であった。この論文は、その真偽は別としてのちの論者によって、「サークル」という語が日本に初めて輸入されたものだと説明されることが多い。

ただし、文芸評論家の岩上順一が注意を促しているように、当初、その用語は微妙な浮遊状態のなかで用いられていたことは注意していい。というのも、この論文で蔵原は「サークル」という語をわずか二回しか使っておらず、しかも一度目は一九三〇年に行われたプロフィンテルン第五回大会のテーゼの引用文中で、二度目もやはり「ハーエック」という外国の同志が書いた文章の引用のなかで出てくるにすぎないからだ。どちらも他人の使っている言葉の借用でしかない。引用符がついているのだ。

これに比して、同様の意味をもちながら蔵原が頻繁に用いているのは「グループ」という語である。

「ナップ所属の各同盟は、先《ま》づ、青年同盟、左翼労働組合、その他との密接な連絡の下に

（勿論それが不可能な場合には独立して）企業の中に労働者自身の文学グループ、演劇グループ、美術グループ、映画グループ、音楽グループ等（勿論この名称は必要に応じて変化する）を組織すべきである」（蔵原惟人「プロレタリア芸術運動の組織問題」）

改めて論文を要約しておけば、既存の運動が大衆的な広がりを獲得してこなかったことを反省し、一般企業で働く労働者を新たにキャッチするため、文化的集団の活用が求められている。運動を伸長させるのに、各集団では特別左翼的ではない労働者、ときに右派的でさえある労働者たちにも門戸を開くのが大事であり、徐々に自分たちの陣営に取り込んでいくよう心がけなければならない。

ナップとは全日本無産者芸術団体協議会（Nippona Artista Proleta Federacio）の略称で、要するに日本共産党直属の作家集団と考えればいい。

サークルのなかのグループ

それにしても、しばしば「サークル」の語の初出と見做されるわりに、蔵原の論文にあってそれはあくまで他者の言葉の引き写しとしてである。勿論、戦前の蔵原の文章自体が、そもそも海外のマルクス主義文献のパッチワークでできた没独創的なものであったとまとめることもできるかもしれない。原案を辿れば、一九一七年に政権を握ったレーニンによって推進された文化革命の政策の一つに文化サークルの育成が確かにあったのだった。ただし、この曖昧な用語の使い方は、奇妙なことに二ヵ月後に発表された「芸術運動の組織問題再論」という続篇論文で意識的に使い分けられることになる。

第二論文では、第一論文の反響としてさまざまな異論や反論が出たことをまずは歓《よろこ》びながら、投げられた誤解に対する反駁《はんばく》を行っている。たとえば、大衆化路線は既に歩まれていたではないかとの声に対しては、目標が掲げられていたとしても実際の結果がともなっていない、と応えている。さらに第一論文では不十分だったとして、ナップとサークル（グループ）のあるべき関係を論じる。要約してしまえば、ナップ所属の同盟員は、ほかの部署との連絡・連携を維持したまま、一般の労働者も混ざるサークル（グループ）のなかで指導的な立場をとっていくのが理想的というのだ。ここにおいてサークルとグループは弁別される。すなわち、「サークルの中にナップ所属の各同盟員のグループが結成される」のだ。

政治的に中立な「サークル」のなかに、もう一つの集団、政治的「グループ」が結成されなければならない。集団のなかの集団。もはやいいたいことは明らかだろう。『党生活者』の伊藤が企てていたように、政治的に特に色づけされていない気軽な集まりは、文化という蜜で人々をおびき寄せるものの、そのなかに隠れ潜んだ「グループ」は、油断した彼らを政治的に捕獲しようとするのだ。そのトラップは政治運動だけに限定されず、さまざまな種類のマウンティングを誘発させるタイプの閉域、果ては宗教団体のセミナーに置き直しても、いまなお見かける仕掛けに違いない。

日和見《ひよりみ》主義にご用心

政治的文学だけが文学である。そういう金科玉条が大手を振っていた時代において、このような政治主義の伸張は避けられないことであった。

多喜二と並ぶほど著名なプロレタリア作家、宮本百合子（当時は中條《ちゅうじょう》百合子）は、一九二七年末から三〇年一〇月までソビエトへと旅行し、実際の社会主義国を視察、紀行文を次々と発表していた。それが伝えるところによると、三〇年の秋からラップ（ロシア・プロレタリア作家協会）は労働者クラブの文学研究会の方針を大きく変える。つまり、以前は労働者が仕事を終えて、研究会で文学の創作や批評にたずさわるとき、職場と文学はまったくの別物、文学はある種の娯楽と受け止められていたのに対し、新方針はこれを許さず、ラップ公認の文学理論の教化とともに労働と文学の一体化を求めたという。

蔵原論文から一年ほど経過したあと執筆された諸々《もろもろ》の政治評論のなかで、多喜二はサークル大衆化方針のさらなる徹底を繰り返し訴えている。多喜二の報告によれば、当時、三〇〇のサークルが組織され、その人員は四五〇〇人にのぼった。ただし、やはりというべきか、そこでも単なる量的な拡大を歓迎すればいいのではなかった。一般の労働者たちは大衆文学を得意とする菊池寛や大衆雑誌『キング』を好むが、サークル活動の本懐は、それら文化鑑賞に終わらず、選挙やメーデー、階級意識の昂揚に直結しうる政治主義へと高まらねばならない。これを達成できない状態を多喜二は「日和見主義」や「大衆追随主義」と呼ぶ。

評論「右翼的偏向の諸問題」で多喜二は、淡《だん》徳三郎という左翼系評論家の文化サークル論を批判している。淡の理解によればプロレタリア文化運動の勘所はサークルが握っており、そこには「二重の意義」が認められる。第一にはプロレタリア文化を普及させ新たな書き手をスカウトすること、第二には大衆を動員するための補助機関として機能させることであり、このうち後者のほうが優先される。でなければ、文化サークルは「文化主義的偏向」に陥ってしまう。

一見、蔵原や多喜二となんら遜色ない徹底的政治主義を説いているようにみえるが、多喜二からすれば意義が「二重」であること、二つに分裂していること自体に日和見主義が隠されている。それは政治固有の領域と文学固有の領域があるのだとする誤った信憑を温存する忌まわしい二元論である。本音と建前のような軟弱な姿勢にスライドし、たとえば作家同盟主催の会議が官憲に妨害される事件が起こったとしてもサークルの発刊する新聞に抗議文の一つも載っていない、ていたらくに落ち着いてしまう。

逆にいえば、サークルが正統な仕方で指導されていて日和見主義にほだされていないのならば、たとえ同盟の解散が命じられても運動はすぐさま再起することができる。『党生活者』の末尾でも、特高による監視がいよいよ厳しくなり、主要同志の馘首によって企業内での運動続行が危ぶまれるなか、その分散を警察権力による「私たちの組織の胞子《たね》を吹《ふ》き拡《ひろ》げた」逆効果と読むとき、広範囲に種まきすることへの期待が具体的に語られている。その種を受け止める空間こそが政治主義的な文化サークルにほかならない。

わざわざ確認するまでもなく、彼らと同じ政治思想や革命の目標をもたない傍観者にとっては、以上一切は無駄に正義感だけが強い余計なお世話極まりない事態、左翼のお家芸ともいえる内紛にしかみえないわけだが。

つけ加えておけば、蔵原によるサークル計画はもともと政治的意欲の強い参加者にとっても大きな反発を生んだようだ。新方針を説明するため東京中を駆け回った思い出を語る鹿地亘《かじわたる》によれば、政治運動に熱心な労働者たちは、自分たちの雑誌『戦旗』を読む「読者会」にて互いの連帯感情をもう既に深めており、その蓄積を無視して人を集めてなんの意味があるのか、といった否定的な反応が多数あったとの由。大衆化路線は、政治主義にとってもスムーズに受け入れられたわけではない。

それら無理を証拠立てるかのように、厳しい弾圧のなか一九三三年二月二〇日に拘束された小林多喜二が拷問によって殺される。さらなる追い打ちで、六月に日本共産党幹部の佐野学と鍋山貞親が既定路線からの根本的な撤退を説く、いわゆる転向声明を発表する。これに呼応する党員たちの大量転向によってサークル計画もろともプロレタリア文学運動は一つの終焉《しゅうえん》を迎えたのだった。

第四章　『サークル村』の周辺——人文主義の暗がり（2）

戦後サークル史の三期

戦前のサークルは、プロレタリア文学の頓挫とともにその政治的生命を失った。念のため断っておけば、戦中においてもサークル文化が根絶されたわけではなかった。ただ、厳しい思想統制のなか、その真価が見やすいかたちで花開いたといえるのはやはり敗戦後の一九四五年以降といってよい。

大沢真一郎は一九七六年の本のなかで、サークル史の観点について、三つの時期を区分している。第一期は敗戦のムードを残した一九四五年から一九五〇年の朝鮮戦争を経て敗戦色が薄れていくまでの一〇年間。第二期は民主的なサークルの活動が一気に開花していった一九五五年から、経済成長や安保闘争を経て成熟を迎える一九六〇年代の前半。第三期は一九六五年以降のベトナム反戦運動で再び活気づいた七〇年代までである。

天野正子の『「つきあい」の戦後史』は、大沢の区分を踏襲しながら、第一期を「サークル揺籃《ようらん》期《き》」、第二期を「サークル開花期」、第三期を「つきあいの多元化へ」と名づけて、各時期に目覚ましい活動を見せた「つきあい」、対面的で拘束のゆるい小集団（＝サークル）を、天野の関心のなかで紹介している。参考に代表的なそのいくつかを摘要しておこう。

《第一期》

• 炭鉱労組の主婦会。炭鉱住宅を基盤にしたつながり。米や味噌《みそ》の貸し借りだけでなく、ときに落盤や出水懸念に関する会社への交渉も行った。

• 鎌倉アカデミア。教師と生徒という非対称性を解消し、全員が自由で平等であるような講義が企画された教育ユートピア。ただし、大学昇格への姿勢と私塾的な理想が衝突することもあった。

• 『たいまつ』。秋田県横田市のローカル新聞『たいまつ』が生んだ紙上サークル。発行者のむのたけじは戦前は朝日新聞社に勤めていたが、戦後、戦争加担者としての自らを反省し、大新聞では達成できない書き手と読み手の新たなコミュニケーションの開拓を目指した。

- 生活をつづる会。生活記録運動の研究者である鶴見和子を中心に組まれた主婦たちの集団。日々消えていく日常生活を書き留めておきたいという願いからはじまった。

《第二期》

- 杉の子会。杉並区の公民館長であった安井郁《かおる》をリーダーに、社会科学の書をテキストにした主婦中心の読書会としてスタート。当初からあった平和への関心の高さから、原水爆禁止のための運動を起こす。
- 希交会。『朝日新聞』の女性投稿欄から派生。女中だった女性たちの経験を語り合うためのサークル。「女中」という呼称の差別性を避けて、「お手伝いさん」という呼び名を提案する。
- 山脈《やまなみ》の会。機関誌は『山脈』。白鳥邦夫が中心となって長野県ではじまった。幼い頃は軍国少年だった戦中世代とそれを共有しない戦後世代との交流が実現した。「日本の底辺の生活と思想」を掘り起こすことが目標。
- エミールの会。ルソーの『エミール』を読むことを通じて結成された大田区の主婦の学習サークル。革新的な山川和美と保守的な桜本栄という性格の異なる二人のリーダーによって牽引された。

《第三期》

- アンガラ会。シベリアでの抑留生活に関する親睦サークル。捕虜収容所での共同体験、また帰還できた喜びを語り合いつつ、死んでいった者たちの無念を語り継ぐ。
- 独身婦人連盟。略して独婦連。戦争未亡人、さらには大量の戦死者の帰結である多数の独身女性のための調査や集団見合いを実施。侮蔑的な語感のある「オールド・ミス」の語に代わって「ハイ・ミス」を提案する。
- 健全な農産物をつくる会。公害への問題意識を背景に、名古屋市の近郊農村で発足。有機農業を推し進めようとする勉強会。
- リブ新宿センター。通称リブセン。いくつかのフェミニスト・グループが集まってつくられた雑居生活空間。自律的なコミューンへの理想と現実のはざまの実験場として機能した。

『サークル村』に刮目《かつもく》せよ

いうまでもなく、ここに列挙したのは無数にあったサークルの一部、もっといえば天野の眼鏡を通過したもののなかのさらなる抜き書きにすぎない。公的な計画性や制度とは無縁に、なかば自然発生的に結成されるサークルは、その性質上、離合集散がたやすく、特に機関誌のような刊行物がない場合は、あとからその活動の詳細を辿ることすら難しくなってしまう。

断っておけば、「サークル」という語自体が昭和初期に蔵原によって大きく展開されたものだったにしても、それ以前にサークル的活動が日本に皆無だったというわけでは決してない。いま言及できるものは、おそらくは、ことごとく歴史の単なる上澄みにすぎない。これは強調していい。

その上で、戦後に現れたサークルのなかでも、ひときわ目立ち、その象徴的な位置づけからいまなお多くの論者に語り継がれているのが、一九五八年、谷川雁、上野英信《えいしん》、森崎和江らが中心となって刊行された『サークル村』である。天野や大沢の区分では第二期での花形のようなサークルだ。

九州七県と山口県のサークル活動家の交流誌として誕生した『サークル村』の背後には、

労働組合による運動が盛んだった炭鉱という産業的特色がある。敗戦直後に目立って現れたのは炭鉱のサークルであり、一九五〇年の朝鮮戦争の前後、レッドパージと呼ばれる政治的労働者の大量馘首によってサークル活動は大打撃を受けるものの、五四年前後のうたごえサークル運動の盛りあがりに推されるかたちで炭鉱サークルも復活を果たした。

数あるサークルのなかで特に『サークル村』に注目が集まるのは、一つには、詩人で評論家だった谷川雁の強いリーダーシップとその特異な共同体構想があったからだ。小さな寄り合いを常とし、しばしば仲良しクラブ然としたサークルが乱立するなかで、谷川はあえて対立や相克を求め、それをサークル運動の原動力として転化できるのではないかと考えていた。創刊号の巻頭に掲載された宣言文のなかでは、次のように述べている。

「労仂者《ろうどうしゃ》と農民の、知識人と民衆の、古い世代と新しい世代の、中央と地方の、男と女の、一つの分野と他の分野の間に横たわるはげしい断層、亀裂は波瀾《はらん》と飛躍をふくむ衝突、対立による統一、そのための大規模な交流によってのみ越えられるであろう。共通の場を堅く保ちながら、矛盾を恐れげもなく深めること、それ以外の道はありえない」（谷川雁「さらに深く集団の意味を」）

工作者は対立を忌避しない

第一章にて、集団的インターセクショナリティについて言及しておいた。一人の人間のなかに、たとえば女性と黒人という被差別的な属性が重なり合うように、集団のなかにも複数の差異の絡み合いがある。つづいて創作しておいたマイクロアグレッション物語では、そのレンズの解像度を上げれば上げるほど、単なる女性差別にみえた現場にさえそれでは片づけられない、複数の虐げられた属性の不満が浮かびあがり、優先順位の観点から両者は争わざるをえない困難が待っていた。

谷川雁のサークル論は、現代風に捉えれば、ちょうどそこで確認した困難を、ただの障碍で終わらせないような集団性の再定義に挑んでいるようにみえる。先の物語において複数の対立の相がなぜ苦渋に満ちたものだったかといえば、それぞれの事情が抱えた不満や未練をそれぞれに納得させること、集団のなかの合意形成が暗黙の目標としてあったからだ。これを目指す限りあまりに微細なものさえ拾ってこれてしまう道徳のレンズは、ほとんど喧騒の種を集めているのと同義であった。

対して谷川が掲げたように、対立を解消するのではなく、むしろ深めることで生じた摩擦熱を集団のエネルギー源として活用できるとしたらどうか。合意のゴールを斥けていいのならば世界観は一気に変わる。いささか観念的すぎるきらいはあるが、階級差、世代差、男女差など、差異の種類が豊富であればあるほど、その相容《あいい》れなさが深刻であればあるほど、より強靭《きょうじん》な集団ができあがるに違いない。宣言文で谷川は日本のサークルの欠点として、集団の性格が「開放の方向」に向かわず「自己閉鎖」しやすいことを指摘したが、対立や摩擦はまさに閉じていないことの証左となる。

対立を介して推進力へと換える媒介者を谷川は「工作者」と呼んでいた。特に大衆と知識人、相容れない特性をもつ者同士が目の前にいたとき、工作者はそのどちらにも激しく対立することで一個の媒体となる。評論「工作者の死体に萌《も》えるもの」にある「大衆に向っては断乎《だんこ》たる知識人であり、知識人に対しては鋭い大衆であるところの偽善の道」という文句はよく人口に膾炙したものであるが、どちらか一方に同化するのではなく、二重に対立関係を保つことで、敵対性という名の交通可能性を拓《ひら》く。戦前のサークル運動に色濃くみられた知識人偏重を回避しながら。上手くいけば、いままで没交渉だった複数の閉域にもこの憎らしい道化役によって新たな活路と交流を見出せるかもしれない。

創刊号に掲載された散文詩風の作品「蛮人」は、「糊《のり》」を売っている男を主人公にしている。ものがくっつくとは「共通の因子」同士の引力によるものだという通説を斥けて、それよりも強力なのは「第三のもののなかではじきあう力を交叉《こうさ》させる」ことだと男はいう。ただ、どうやら買い手からは上手く理解されていないようだ。この「第三のもの」の立ち位置に、工作者のそれを連想するのはそう難しくない。やがて「連帯を求めて孤立を恐れず」という谷川の言葉が全共闘運動のスローガンとして盛んに唱えられることになるが、その姿勢は既に『サークル村』の宣言のなかに認めることができる。

強すぎる谷川理論

実際、谷川の思想を反映したかのように、誌面には調和よりも不和や争闘を掻《か》き立てるような工夫が盛り込まれていた。『サークル村』が複数のサークルで構成されていたことは前記した通りだが、「内政干渉」というコーナーでは、あるサークルの所属者が別のサークルの姿勢について喧嘩調も混じった批判的な意見を投げかけている。さらに、その名も「毒舌」の欄では、そういった論争自体にまたも辛辣なコメントを付すことで剣呑《けんのん》な雰囲気が絶え間なくつづいていた。

ただし、谷川が思い描いたように不和の種が各種各様にばらまかれていたかといえば、そういうふうにもみえない。むしろ、主な種となったのは谷川雁その人の影響力の強さに関して。非常にパーソナルな問題に限られたようにうつる。先輩格の友人で、社会学者でもあった日高六郎が「全体として、谷川理論の影響力が強い。強すぎるという感じもする。解放し開放《ママ》していく必要もあるのではないか」と述べていたのを筆頭に、谷川というあくの強い個性に誌面全体が覆われてしまっている、亜流の増長しか認められない云々《うんぬん》といった感想はあとを絶たなかった。なかでも、特に谷川文体を特徴づける難解さには、どう体裁を取り繕ったところで所詮は東京の知識人にすり寄るための雑誌にすぎないじゃないか、といった反応を複数呼び寄せた。

　対して谷川は「分らないという非難の渦に」で、ならば黙っていよ、とずいぶんと威勢のいい返答をしている。念のため工作者の立場に立ってみるのならば、こと『サークル村』に関しては、論の構成上それらの反応は不可避だったのではないか。工作者は知識人に対して、お前は一般大衆から遊離していると喧嘩を売るが、同じ口で大衆に対しては、もっと知的に洗練されよ、と啓蒙《けいもう》にはげむ。この二重の否定で確立される媒介にこそ工作者の本丸がある。知識人贔屓《びいき》といった否定的な反応は、ほとんど理論的な必然であったのかもしれない。

強姦事件と森崎和江

とはいえ、それら批判の声は、のちに起こる事件に比べれば池のさざ波のようなものでしかなかった。

谷川は『サークル村』の文化運動を牽引しつつ、一九六〇年からは会員を中心に大正行動隊を組織、大正鉱業という企業での反合理化闘争に着手していった。これを大正闘争と呼ぶ。

石炭から石油へとエネルギーが大きく転換していく時代のなかで石炭需要が減り、炭鉱労働者は合理化（＝解雇）の危機にさらされていた。『サークル村』を支えていたのが炭鉱労働者のサークルであったことを思い出そう。先行する三池争議（三井鉱山三池鉱業所での労働争議）の敗北もあって、谷川はより政治的な現場に身を投じていった。『サークル村』は会費回収がうまくいかないこと、原稿の投稿が少ないこと、事務作業の圧迫などが理由となって五月の三池闘争特集号でいったん休刊する。

さて、翌年の五月、行動隊の隊員・山崎一男の妹里枝が自宅で眠っているなか、何者かに強姦され絞殺されるという事件が起こった。谷川と生活をともにしていた森崎和江はすぐに、犯人は行動隊のなかにいる、話し合う機会を設けるべきだと提案したが、谷川は隊の評判を守るためにこれをはねのけた。が、果たして犯人は隊員であった。同年一二月には兄一男が谷川と森崎の家の前の踏み切りで飛び込み自殺するという痛ましい事件が重なる。森崎の『闘いとエロス』（一九七〇年）は、『サークル村』立ち上げのために谷川とともに筑豊《ちくほう》の中間に移住し、強姦事件を経て、その不和が決定的に至るまでの過程を、室井と契子という架空の登場人物に自分たちを仮託しながら記録に努めている。

森崎は『サークル村』に並行して『無名通信』というサークル誌を発行しており、被害者女性はその手伝いをしていた顔見知りでもあった。表題の「無名」とは、女性には、母、妻、主婦といったさまざまな名（役割）が外からかぶせられているが、いったんそれを取っ払ってより主体的な言葉を取り戻すための方法的無化のスローガンである。『無名通信』も二〇号を出したのを最後に廃刊に至る。

非所有を所有する

谷川にホモソーシャルのきらいがあったことは種々の言動からみて明らかだ。『闘いとエロス』によれば、大正行動隊のなかでは「男から犯されるとき、声もあげえないような娘をそのままにしておいた主たる責任は兄貴にある」といった責任転嫁がなされ、森崎の集会提案には「おれの私兵をこそこそ組織するな。分派を形成して何をやる気だ！」という罵声が谷川から返ってきたという。森崎は「ばかなこと言うの止《よ》して。組織を私有視するものではないわ」と応答したようだが、ここには彼女の所有論がこだましているようにみえる。

森崎の著作のなかでも特に難解な『非所有の所有』（一九六三年）において森崎は、「女たちは自己を極小共同体として認識する」として、女性にとって独立した個人というものが成立しないというところから議論を出発させる。村落共同体が残存し個人的領域が希薄な前近代においてその認識は時代状況にふさわしいものだったが、私有が所有観のベースとして見出されていく近代の資本主義以降の世界にあって、それは大きなギャップ、疎外をもたらすことになった。

そのような状態を森崎は「非所有を所有する」と形容する。女たちはもっていないことをもっている。「非所有の所有」は、彼女曰《いわ》く「被所有の所有」と表現することもできる。その違いは、同じ現実を女性自身が主体的に捉えるかそれとも客体的に捉えるかで分岐する。女たちはもたれていることをもっている。言い換えれば、「非所有の所有」で露呈した空虚は、ほかからの奪取、介入の結果生じているということでもある。

森崎の文章は直観的で、なぜそういえるのかについて不明なまま進むことがままあるが、できるだけ嚙み砕いてみたい。なぜ自己とはただちに共同体なのか。分かりやすい回答として、女性の身体とは母体でもあり、子供を孕《はら》むことができるという生物学的な機能が思い浮かぶかもしれない。一人のなかにもう一人いるという妊娠状態を一個の共同体として捉える視点はそこまで突飛だとは思わない。

ただし、後の著作――ボーヴォワールの『第二の性』を連想させながらも、その乗り越えを目指しているとも読める――『第三の性』（一九六五年）のなかで女性同士のなかにも生じる相克、子を産んだ女と産めなかった女の分かり合えない線を前景化したように、ことを単なる妊娠可能性につづめることはできないはずだ。むしろ、『無名通信』での問題意識を引き継げば、次のようにいえるかもしれない。女性は、母・妻・主婦などの複数の名による分裂を余儀なくされており、それを包括的に捉えようとすればおのずと共同体的にならざるをえないのだ、と。そして、その統一されなさは近代の資本主義と家父長制、『無名通信』発刊の辞でいうところの「オヤジ中心主義」によって押しつけられているのではないか、と。押しつけられた名の一つに「毒婦」を加えてみれば、前章まで読んできた読者にはいっそうの納得が得られるのではないか。

谷川の「おれの私兵」という物言いには、私有に占められた家父長制的な所有感覚との親近を読みとらないわけにはいかない。『非所有の所有』では、複数の名で疎外された「私」を「象徴を連帯させる糊のようなもの」と説明する箇所があるが、これは谷川の工作者的な「糊」を彷彿とさせる。ただし、森崎のいう「糊」は大衆と知識人の媒介者ではなく、あくまで「内へ向った共有性」、女性にとっての自己成立に不可避的に相伴う共同性に比重が置かれる。これは巫女《みこ》の職能が女性にあてがわれてきた歴史と無縁ではない。

森崎の単著には聞き書き（インタビュー）の方法が積極的に取り入れられている。初めての出版物である『まっくら』（一九六一年）では炭鉱地帯として有名だった筑豊で出会った女性鉱夫に話を聞き、特徴的な方言による経験談をそのままのかたちで書き起こして本文に採用している。つまり、単著のなかに多声的な要素を盛り込むことで、一のなかの多という自己＝共同体観が著述スタイルからして既に反映されているのだ。

「村」であること

谷川にとってサークル村は、その字の示す通り、日本の伝統的な村落共同体への郷愁、または再利用の意欲をたぶんにふくんだものであった。創刊宣言で谷川はギリシャ・ローマ型、ゲルマン型、アジア型に分類されるマルクスの共同体論を参照しながら、「資本主義によって破壊された古い共同体の破片」を来たるべき共同体へと組み込む時代的要請を語っている。そこではモダン（サークル）とプレモダン（村）が合流する。構想されたサークル村は決して日本の土着性と無縁ではいられなかった。詩人の鮎川《あゆかわ》信夫が谷川を「日本浪曼《ろうまん》派《は》の戦後版」と評したところのものである。日本浪曼派とは評論家の保田與重郎《よじゆうろう》らが一九三〇年代に展開した近代批判と古代回帰を旨とする言論集団だ。

対して、森崎からすれば、そのような日本という三文判にこそ異質なものたちに同化を迫る圧力の原因を認めざるをえなかったに違いない。『サークル村』時代の評論「破壊的共有の道」で谷川の創刊宣言を引きながら、生活に密着しているためにわざわざ言葉を必要としていなかった「農業共同体」の「自己閉鎖性」に触れ、これを再評価するだけでは不十分であるとの認識をもう示している。

その背後には彼女の出自も大いに関係していたはずだ。森崎の父・庫次《くらじ》は、日本の植民地だった朝鮮半島の日本人学校に教師として就職し、森崎もまた一七になるまで異国の地で育つことになった。植民二世としての経験が、自分は潜在的な加害者なのではないかという罪の意識――侵略国の人間！――をともなうかたちで、大文字の日本を相対化する視線をはぐくむことになった。

森崎が『ははのくにとの幻想婚』（一九七〇年）などでよく書くのは、「あなたのおくにはどちらですか」という日本で頻繁に用いられる挨拶の残酷さだ。これは当然、どこの地方で生まれたか、と問うているわけだが、その地方的差異のそれぞれが同じ一つの原理に包摂されているとの安心感のなかでその言葉は発話されてもいる。「くに」は人によって異なるが、暗黙のうちに前提とされた日本国にはぬるりと帰属しているのが自明視されている。異質なものの緊張感が去勢されてしまっている。森崎はこれを「同種同化の原理」と呼んでいる。

インターセクショナリティを先取りする

コスモポリタンでリベラルな感覚をもっていた森崎の父親は娘をどんな階級だろうが、どこの国の生まれだろうがみな等しく同じ人間、まったき個人として育てようとしたようだ。が、森崎はこの近代的平等の教育を欺瞞《ぎまん》と斥け、まだ十分に自覚できなかった自分のバックボーンを掘り起こすような仕事に着手していく。「個体は不特定多数な或《あ》る階層性の統一体でもありますから、個の解放はそれを形成してきた個体史の解放をも意味しない限り、その意識は閉鎖しつづけます」。

その姿勢にも見て取れるように、森崎のテクストは今日でいうインターセクショナリティの発想を正確に先取りしている。そこでは強者としての男性と弱者としての女性の社会的現実を確認して停止することはない。同じ女性という括りのなかにも経済的な格差や民族的な出自、子をもつかもたないかといった違いが断層のように走っている。その追究は、まさに現代のインターセクショナリティ研究のそれを彷彿とさせるものだ。

ただし、そのためにかえって、インターセクショナリティ概念に対して現代の我々が直観的に抱く疑問が森崎にとっても看過できない論点として残りつづけたようにもみえる。社会学者の松井理恵は、森崎作品に宿るインターセクショナリティを正確に読みとり、その先進性を評価しつつも、だからこそ現れる連帯を挫《くじ》く交差性の働きにも触れている。

つまり、幼少期の森崎は日常的に朝鮮人の少年たちから性的なからかいを受けていたが、これは単なる子供の遊びではなく、植民地支配の屈辱から発する日本の女への代行的復《ふく》讐《しゅう》だったと解釈できる。マジョリティ（男性）とうつっていたもののなかにマイノリティ（朝鮮人）の相が現れてくる。また森崎には、朝鮮人のクラスメイトが創氏改名――日本の植民地政策の一つで、日本風の名を強制させること――で名を変えたとき、結婚をすると改姓を余儀なくされる日本の女からみれば、そこには共同体ではなく個人への尊重があるように感じられ、「すてきねえ」と羨ましがった過去があった。ここではマイノリティ（女性）であることが、別のマイノリティ（朝鮮人）への鈍感に通じている。

このような支配と被支配のねじれ合い、ある一群との連帯の裏側で必ず生じる別の一群との分断に対して森崎が用意した処方箋は、特権的な己を反省して自らを知ること、自覚できなかったバックボーンの再発見の作業だったようにみえる。果たしてこれが一体なにを意味するのか。つまびらかに論じるには、もう少し別の固有名群を召喚したほうが便宜《びんぎ》なようだ。

第五章　鶴見俊輔のサークルイズム

転向と集団の共同研究

戦後のサークル研究において看過してはならない一書がある。思想の科学研究会が編纂《へんさん》した、その名も『共同研究　集団』（一九七六年）だ。前章で大沢真一郎の論文を参照したが、これを収録しているのも本書であった。そして、思想の科学研究会の中心的人物であり、同書巻頭に序文「なぜサークルを研究するか」を寄稿しているのが、思想家の鶴見俊輔である。鶴見は、谷川雁と森崎和江をともに高く評価し、両者は『思想の科学』誌面にたびたび登場することにもなった。

思想の科学研究会の同種の仕事では、『共同研究　転向』（全三巻、一九五九〜一九六二年）のほうが有名だ。転向とは改めて注釈しておけば主に戦前のマルクス主義者たちが弾圧のなかで政治運動から撤退する現象をいう用語であるが、六つの論考とともにやはり序文を寄せている鶴見の言を頼れば、同書は転向を「権力によって強制されたためにおこる思想の変化」と定義し、マルクス主義者たちに限定しない変化の個人史を数多くの論客らが分担しながらその分析に取り組んでいる。前年に発表された吉本隆明「転向論」とともに戦後転向論に関する主要文献となった。

約一四年後に結実した集団の共同研究も、研究対象を転向から集団に代えて取り組まれたものになるわけだが、少なくとも鶴見にとっては転向研究の時点で集団論（サークル論）の問題意識が内包されていたといっていい。たとえば、中巻に収められた「翼賛運動の学問論」では、翼賛運動が生んだポジティブな側面として小集団への注目が挙げられている。

一九三八年、国家総動員法が公布され、国民一人ひとりの小さな活動も国策のなかに組み込む準備が整うなか、一九四〇年に大政翼賛会が成立し、全体主義的体制が本格化していった。ナチス・ドイツに倣ったこの悪名高いファシズム的雰囲気のなかで、しかし、鶴見はそれでもポジティブな側面があると指摘する。総力戦が念頭にされているため、皇族や士族や学者などではない「小さい人の小さい行動」がクローズアップされ、特に彼らによって組まれる小集団は、非エリート主義的に科学的知識を洗練させるのだという。なぜならば、「一人の人間の判断より、何人か組になってつくった文殊の知恵のほうが公平なものであり得」、「集団が集団としてもつ最大公約数としての知識はこれまでの知識を整理したものであり、これを打ちひらくきっかけは、大集団内部の小さなサークル、また小さなサークル内部の、あるいは無所属の個人の中からでてくる」からだ。

やはり現代では批判的な文脈——連帯責任という名の監視体制——で言及されることの多い「隣組」への再評価もその姿勢の延長線上にある。体裁としては徳川時代の五人組制度をヒントに五世帯以上を一つのまとまりとした新たな家庭組織は、月に一回、常会と呼ばれるミーティングを設け、情報の伝授を行ったが、それは「井戸端会議の制度化」に等しく、結果、「婦人層のオピニオン・リーダー」を鼓舞したという。まだ女性が選挙権をもっていなかった時代に、小集団はお上（中央協力会議）からの連絡事項を受け取りながら自分たちの声をお上の政治に伝える自律性を獲得した。中央協力会議には婦人も出席し、少数の例外を除き、政治家以外の職業人たちが会議員となった。社会的に劣位に置かれやすい女性が、全体主義的体制のなかでこそ平等と民主政を獲得したことの意味は改めて一考に値する。

いうまでもなく、これら関心が鶴見の戦後サークル論、『共同研究　集団』に結ばれることは見やすいだろう。

鶴見家の長男

鶴見俊輔は一九二二年六月二五日、父・鶴見祐輔と母・愛子の長男として東京の麻布《あざぶ》で誕生した。当時官僚として働いていた祐輔はのちに政治家に転身、また小説『母』がベストセラーになる著述家としても名を馳せることになる。さらに、愛子の父親は後藤新平で、内務官僚や南満洲鉄道株式会社（満鉄）総裁などを務めたのち、やはり政治家として活躍した男であった。エリート育成的な家庭環境のなかに放り込まれた俊輔少年は、その反発心のなかで幼少期の性格を形成していく。俊輔の名も、父の字の譲り受けであると同時に初代総理大臣である伊藤博文の青年時代の名、伊藤俊輔から採られてもいた。

少年は東京高等師範学校附属小学校に入学する。黒川創の伝記『鶴見俊輔伝』はその時代の興味深いエピソードを抜き出している。つまり、五年生になった頃、鶴見は仲間との「読書会」を企画したものの教師にその命名を難じられたとの由。ときは一九三三年。旧制高校では読書会は「ＲＳ」（リーディング・ソサエティー）と呼び換えられ、マルクス主義を教導する場と見做されていたのだ。実際、平野謙が小畑達夫と知り合ったのは東京帝国大学文学部の「学内組織のR・S」においてだった。

第三章で紹介したサークルのなかのグループに対する緊張感は小学生のたわいもない集まりにさえ向けられた。人が集まれば左翼と思え。これが冗語にならない時代が確かにあった。

中学校へ進学するも、万引き、不純異性交遊、自殺未遂といった不良行為を繰り返したせいで両親からほぼ勘当に近いかたちでアメリカはハーバード大学への留学を強制される。しかし一九四一年、鶴見一九歳の頃、日米のあいだで戦争がはじまり、翌年、板挟み状態のなか敵性外国人として拘留され、そののち交換船で帰国することになった。戦中は海軍で翻訳の仕事に就き、敗戦の一九四五年から姉の和子に誘われるかたちで『思想の科学』の中心メンバーの一人として雑誌づくりに関わるようになる。

創刊号には有名な評論「言葉のお守り的使用法について」を掲載。「国体」であれ「民主主義」であれ、単語それ自体の内実が意味不明でも、その使用によって同じ仲間との一体感に寄与できるからくりに注目した語用論的社会評論である。同時期には戦間期から書き溜めていた『哲学の反省』が刊行されている。

四つのルート、A・C・J・F

日本の戦後思想が一個の織物だとすれば、鶴見にとってその経糸《たていと》とは転向研究で、横糸はサークル研究に相当するものだった。この明言からはじまるのが一九五七年の論文「戦後日本の思想状況」である。ここでの議論はそのまま久野収《くのおさむ》と藤田省三との鼎談《ていだん》の記録『戦後日本の思想』（一九五九年）にも引き継がれていく。

ここで鶴見は「集団」を、「家」と「国家」のあいだにある中間的形態と定義し、戦前にあっては「翼賛運動」がその典型であったと理解している。ここでも翼賛運動論とサークル論との近接が読みとれる。その上で鶴見は国家の統制に縛られない自由でしなやかな結びつきをサークルは実現しうるとの期待のもとに、四つの分類を試みている。Aルート、Cルート、Jルート、Fルートである。

Aルートは、アカデミズムのAであり、知識人の書いたテキストをもとに自主学習にいそしむ目的のもと結成される。Cはコミュニズムの C。マルクス主義系文献の精読を経て自己批判を重ねることで一人前の運動家として自立していく過程を支える。前述の「読書会」はこれに当たる。ただ、これらはサークル本来がもちうるしなやかさから照らすと硬直的にすぎている。

Jルートはジャーナリズムのから採られている。新聞や雑誌への投書を通じたメディア的共同体意識のことだが、出版元の事情が優先されて、誌面の制約のもと息の短いやりとりしかできず、また自分たちが住む地域社会から浮きあがった話題に終始する弱みがある。反対に、ファミリーに由来するFルートは地域社会に密着しているが、その因習の強さから若者たちが参加しにくい。集団とは家族と国家の中間態で、その定義のなか翼賛運動を国家の側に重心を奪われた集団化であったと位置づけることができるのならば、明言はないものの、鶴見にとって家族のほうに重心を置き直したFルートへの期待値の高さはある程度推察可能かもしれない。

編集者・母・管理者

転向研究と同年の一九五九年、のちのサークル論の雛型《ひながた》をなしているのが『思想の科学』に掲載された論文「思想の発酵母胎」だ。

この論文は、サークルが及ぼす人の考え方への影響力を、雑誌という共同制作の比喩に託して説明している。どんな記事を書くかという執筆者の立場だけでは雑誌はできない。天才的と並び称される思想家精鋭の固有名が幾人か屹立《きつりつ》していてもやはり駄目だ。どんな記事を誰にどう頼み、どう配置するのかを決める管理者が求められる。すなわち、編集者だ。サークル論はだから「編集者の思想」に置き換え可能な特徴を兼ね備えている。

ただし、管理者という言葉から強権的に采配を振るう指導者を連想してはならない。指導者は自分のなかにある理想に従って「必ずこう考えろ」と各員に命令して、他人を自分の手下に変えてしまうが、編集者は「こう考えればこうも考えられ、ああ考えればああも考えられる」という選択可能な幅《バッファ》を確保している。このゆるさを家父長制的な父と対比して「母の思想」であると鶴見は連想を広げる。本論文が「母胎」の語を冠している所以である――勿論、現代のジェンダー論的にはこのような性役割の固定化を助長させかねない命名には種々の争点が生じうるところだが――。

興味深いことに鶴見は、ここでいう管理者は谷川雁のいう「工作者」ではないと念を押している。あえて対立関係をつくることで集団に活気と創発を吹き込む工作者は、その視線を集団の外に向けている。外との熾烈《しれつ》な交流によってこそマンネリズムが回避されるからだ。谷川が、かつて「東京へゆくな」という詩を書き、『サークル村』運動でも地方の土着性に重きを置いたパフォーマンスをとったものの、運動中でさえ東京に頻繁に出張し知識人との交流を欠かさず、運動が終わってからは東京にある株式会社テックで語学教育に注力するようになったのは、単なる中央からの承認欲求というより工作者概念にふくまれる必然の要請であるようにも思える。対して、鶴見的管理者は、地域社会に紐づけられた集団内部で繰り返される持続的な付き合いが優先される。谷川にとって「村」とはただの地域社会である以上に日本的伝統につらなる共同体であったが、鶴見にはそのような強調点はなく、共同体は時代を大きくまたがない現在性の時制のもと捉えられていることにも注意したい。

先行者としての中井正一《まさかず》

この論文のもう一つの読みどころは、サークル論の先行者として中井正一の名を挙げている点だ。

中井は一九〇〇年に広島で生まれ、一九五二年に没した美学者である。京都帝国大学の出身のため京都学派の一人として紹介されるときもある。『世界文化』や『土曜日』といった媒体の編集にたずさわり反ファシズムの言論を訴え、その後は尾道市立図書館長、国立国会図書館の初代副館長などの経歴を経て図書館法の制定に大きな足跡を残した。

中井の書いたもののなかでも特に有名で、鶴見も具体的に取り上げているのが、一九三六年に『世界文化』で連載された論文「委員会の論理」だ。この論文は、論理を表現するためのメディアの変遷に注目して、三つの様式を区別している。すなわち、古代的な「いわれる論理」、中世的な「書かれる論理」、近代的な「印刷される論理」であり、この三つが揃い踏みになった状態を中井は「委員会の論理」と呼ぶ。

古代ギリシャ・ローマでは、弁論術が大きな力をもっていた。公衆の前でスピーチし、他人の主張よりも自分のほうが説得的であると証明する能力は政治を動かす。話し言葉を用いた典型的な「いわれる論理」である。やがて、これを記録する文字の発明によって、論争のときでは文脈や場所の違いに応じて意味を違えていた語の一つひとつに、ほかと弁別された定義が与えられ、一義性のもとでの瞑想《めいそう》（黙考）が促される。「書かれる論理」の段階だ。最後に、その文字による外在化の運動は、交通と商業の発展に並行した活字文化へと転化し、一義的に定まっていたものが新しく登場した大量の読者によってまたばらばらに解されていく「印刷される論理」の時代が到来した。

中井の論文は三論理の下位区分で出てきた諸カテゴリー同士の否定的媒介を経てその総合的なかたちをやや抽象的すぎる仕方でかたどっていくのだが、鶴見が注目するのは、サークル論は中井がいう「いわれる論理」に相当しているということだった。文字不要の

「いわれる論理」は、原始的な対面コミュニケーションを約束しており、インテリ向きの書き言葉によって動員力を確保していた政治組織の挫折のあとでこれが復活したのは必至でもあった。鶴見にとっての中井論文は、ベースとしての「いわれる論理」を十分に認めた上で、散発的であったり無目的的といった停滞がもしあるのならば「委員会の論理」への道筋がそれを打破するヒントとなると教える秘伝書に等しい。

「あてはめ」と「つぎはぎ」

つづく鶴見サークル論で拾うべきは、一九六三年に『思想』に掲載された「サークルと学問」だ。この論考では、戦後の学問史のなかに流れる三つの学風を区別している。

第一は西欧から知の枠組みを輸入して、これに日本での事例や現象を機械的に当てはめていく「あてはめ学風」。正しさの基準は海の外にあり、その外的な尺度を忠実に再現できればできるほど評価される。大きくいえば国立大学のアカデミズムが代表しているものだ。

第二は外国から枠組みをもってくることは同じでも、日本の特殊事情を勘定して、枠のほうを変形することも厭《いと》わない方法をいう。すなわち、「つぎはぎ学風」であり、総合雑誌に代表されるジャーナリズムにおおよそ置き換えることができる。

例を考えてみよう。たとえば、文学部の授業では、芥川龍之介や太宰治といった作家の小説を、ジュネットやイーグルトン（この固有名の選択自体にはさしたる意味はないので無視してくれていい）を援用して読み解くことがある。いうまでもなく芥川や太宰がジュネットやイーグルトンを参照して創作活動をしていたわけではない。理論の汎用性において秀でていると見做されるからこそ、その作品が成立した歴史的背景を無視して読みの理論をテクストにあてはめることができる。典型的な「あてはめ学風」である。

これに比べて、伊藤整の私小説論は「つぎはぎ学風」に近い。作家として活動しながらも英文学者としての学殖も備えた伊藤は、枠組みとしての西欧の文学論を十分に咀嚼《そしやく》しながらも、それを日本風に変形させることを忘れなかった。どういうことかといえば、醜い自我《エゴ》を描く文学にとって、社交界での体裁を守らねばならない西欧社会では、作者が自分自身を直接のモデルにすることは憚《はばか》られ、エゴを虚構の登場人物へと偽装するという工夫が強いられた。対して、日本では反社会的なエゴを暴露すればするほどリアルであるという評価が高まっていく文壇なる転倒した特殊環境が成立したために、虚構に頼らない自伝的要素の強い私小説が大きな力を握った。

伊藤は西欧モデルの作家を「仮面紳士」といい、日本モデルを「逃亡奴隷」と名づけているが、ここには基本的な文学論を外から輸入しながらも日本の実情に即して変形をほどこす「つぎはぎ」的操作がある。

三分割

そうして最後に残るのが、外からの枠組みに頼るのではなく日本人が現在もっている日常と地続きの関心を他者との雑談を通じて少しずつ広げ、ふろしきのように包み込んでしまうもの。つまりは、「つつみこみ学風」であり、これは「サークルイズム」、サークルの学的方法に等しいわけだ。

鶴見は「つつみこみ学風」を説明するのに、「西田哲学」、坐禅《ざぜん》体験のなかに一切の区別をなくした統一的世界の直観を認めた西田幾多郎《きたろう》の哲学に比してもいる。中井が京都学派の一人にしばしば数えられることは既に述べたところだが、西田幾多郎はその学派の首領のような存在であり、西欧からの輸入ではない日本独自の哲学の創始者としてよく語られる。

論文のなかでは「草の芽」という我が子の数学教育に関する母親たちの井戸端会議的集

まりや日本底辺の生活と思想を掘り出すことを目指した「山脈の会」などが紹介されている。また、鶴見が深く関わった共同研究のあり方も広義のサークルイズムと呼べるに違いない。鶴見の共同研究歴は一九四九年にフランス文学者の桑原武夫にスカウトされるかたちで京都大学人文科学研究所の助教授に就任したところから出発している。現在的で日常的な小集団内のコミュニケーションによって硬直した関心が押し広げられていく（つつみこんでいく）ところにその大きな特徴があるといえよう。

あてはめ・つぎはぎ・つつみこみ。或いはまた、アカデミズム・ジャーナリズム・サークルイズム。この三分割を横目にして、どうしても連想してしまうのが、中井の「委員会の論理」も三つの異なる論理の総合によって成り立っていたということだ。偶然だろうか。或いはそうかもしれない。ただ、三分割は決して「サークルと学問」でだけ用いられたのではなかった。というのも、『限界芸術論』の巻頭を飾ることになる先行論文「芸術の発展」（一九六〇年）では、芸術を「純粋芸術」「大衆芸術」「限界芸術」の三つに分けているからだ。

鶴見芸術論は作品の流通や受容の過程によって分類されている。「純粋芸術」は専門的なプロフェッショナルが特定の限られた受容者に向けて創るもので、「大衆芸術」はプロが大衆一般に向けたものをいう。文芸誌の読者は決して多くなく、その小説はしばしば実験的な試みの舞台となるために難解な印象を与えもする。が、同じ作者がテレビドラマの台本にたずさわるときは、もっと分かりやすく教訓に満ちていたり感情を揺さぶったりするものができあがるだろう。受容者（ここでは視聴者）を絞ることができないからだ。

この二者と区別される「限界芸術」（Marginal Art）は、アマチュアとも呼ばれる非専門的な創作者が同じく非専門的な受容者に宛てて創作活動を行う形式をいう。文学の例を踏まえれば、ミニコミやＺＩＮＥ（個人雑誌）を連想すればいいかもしれない。鶴見自身は、手紙、カルタ、民謡、盆栽、漫才、民芸品などハンドメイド的で大量生産や大規模流通には向かない創作物を挙げている。いずれにせよ、この三分割が学風のそれと並行しているのを認めるのはたやすい。

当時、やや先行して社会学者の加藤秀俊が「中間文化論」を発表していた。これは戦後の日本文化を三つのステップで分析したもので、それぞれ「高級文化中心の段階」「大衆文化中心の段階」「中間文化中心の段階」に分けられる。一見、鶴見の見立てに通じるようにうつるが、実際は似て非なるものである。

というのも、加藤のいう高級文化とは総合雑誌で、大衆文化のほうはより俗化された

『平凡』のような反政治的メディアが相当し、とするならば中間文化は週刊誌や新書ブームにみられる高尚な志向性と娯楽のあいだを狙った折衷タイプを指すからだ。加藤の論は、かつては知識人と大衆が分断された「ひょうたん型」（中間層のボリュームが小さい）の知的構造がいまや「ちょうちん型」（中間層がもっとも太い）に交代し、知的文化的階級間の格差は解消しつつあるという肯定的な現状分析につづいていくが、鶴見の「限界芸術」は、その表現者が専門化されていないアマチュアであり、その流通も個々人の創意工夫によって担われるべきものだった。加藤のいう「中間文化」は鶴見にとっては依然として大衆文化のなかに数えるべきものである。

地下に下りること

鶴見は「サークルと学問」のなかで、白鳥邦夫が世話人を務めた「山脈の会」を詳しく取り扱っている。「日本の底辺の生活と思想を掘りおこして、それを記録します」をスローガンに、長野県からはじまり、やがていくつかの地方の小都市を中継して全国へと広がったサークル連合だ。「底辺」の語に引きつけられるが、それがなんなのかは明確に定義されていない。反体制的なもの、ジャーナリズムから零《こぼ》れ落ちた真実、スラム街や失業者のリアルなど、会員によっててんでばらばらだ。

ただ、その含意は深く、鶴見や谷川雁のサークル論ともおそらくは連絡している。

鶴見にとってサークルとは単に理論的考察の対象であっただけではなかった。一九五六年から『中央公論』、ついでホームベースである『思想の科学』誌上にて、「日本の地下水」と題する連載がはじまる。これは最初は関根弘と武田清子と分担しながら、鶴見以外の執筆陣の交代を経由しつつ、全国に散らばったサークル（誌）を紹介するもので、並行して鶴見自身、しばしば各地のサークルを訪問することになった。


蔵原のサークル論を思い出してほしい。日本共産党が非合法の地下活動にいそしみ、潜伏の党員を大量に抱えたすえ、その不可視状況から必至する協力員不足を補うためにひねり出されたのが表面上は非政治的なサークルの存在だった。「日本の地下水」という題の命名主は、中央公論社社長にして鶴見の幼い頃からの盟友だった嶋中鵬二《ほうじ》だったそうだが、蔵原と比べるとその名には新時代の挑発を透かせるかのようだ。かつては「地下」にこそ政治闘争の舞台があり、その補給係として地上のサークルが求められていた。が、戦後になってサークルは今度は降りたところにあるもの、沈んでいるもの、「地下水」として捉え直され、地上で華々しく咲き誇る文化人の言葉とは別の仕方で流通し、ときにそれらを下支えする土壌をつちかう。地下的なものを狭い意味での政治から解放せんとする自恃《じじ》がここにはある。

この下降的姿勢は、実は谷川雁にも認められる。谷川流工作者が知識人と大衆のどちらに対しても喧嘩を売ることで互いを交流させる媒介役をこなすことは既に説明したが、谷川はそのような安住なき場所を「原点」と呼び、やはり下降のイメージのなかで描いていた。「下部へ、下部へ、根へ、根へ、花咲かぬ処《ところ》へ、暗黒のみちる所へ、そこに万有の母がある。存在の原点がある」（それにしてもまた母か！）。啓蒙《エンライトメント》＝照明の光がまるで届かない奥所であるが、だからこそ生き生きとした根を張れる場所でもある。日本の deep である。

大塚英志の投稿文化批判

社会学者のレイ・オルデンバーグに「サードプレイス」という概念がある。家庭でもなければ職場でもない、自発的に運営される非公式な第三の社交場を意味し、コーヒーハウスやバーでの気兼ねない会話で結ばれる緩やかなつながりを再発見するために用いられた。そこで人々は自分たちを隔てていた社会的ポジションを離れ、水平的な関係のもと自分をリフレッシュする。オルデンバーグによればアメリカにはこれが不足している。鶴見のいうサークルもオルデンバーグのいうサードプレイスに近い。

それにしても、癖のように繰り返される、第一項と第二項に回収されない第三項的可能性の図式には、既存の風景を更新しうる期待よりも、安定したポジションを常に脅かす不安を看取してしまうかもしれない。あちらでもなければこちらでもない、蝙蝠《こうもり》めいた半端者の「限界」性、マージナルを別様に訳せばその「余白」は、二項の万力に挟まれ、存在証明が難しくなるほど先細るか、片方の陣地を広げるために偽装した先兵になってしまうのではないか。少なくとも蔵原のサークル論はそういうものだった。サークルという政治的中立性をある党派の隠《かく》れ蓑《みの》に使おうとする趣旨だったのだから。鶴見の仕事を振り返っても、単に強調点を変えただけで、問題ぶくみの構図自体はなにも変わっていないのではないか。

ことは左翼の底意地の悪さに限った話ではない。ここで大塚英志の近年の仕事を瞥見《べっけん》してみてもいいだろう。大塚は『大政翼賛会のメディアミックス』のなかで、戦時下に大政翼賛会管理のもと連載されていた「翼賛一家」なる多メディア化を果たした漫画を取り上げ、そこに仕掛けられた政治的動員の方法を考察している。大塚によれば、その柱をなしていたのは、キャラクターと舞台設定だけを提供し、あとは読者の「投稿」にゆだねること、アマチュアたちによる「二次創作」の推奨だったという。

権威的でエリート主義的な純粋芸術家や大衆芸術家を一掃した、無名の限界芸術家たちが織りなす夢のコラボレーション。が、そのような草の根の創意を強制的でない仕方でくみ上げる創作の場にこそ、日常生活のなかにさえ政治性を浸透させる全体主義的体制の徹底があるのではないか。個々の投稿者たちはおのおの自由におのが愛好のもと表現活動にいそしんでいるにすぎない。なのに、牛耳られたプラットフォームに仕組まれた偏向はどんな自発的投稿も体制強化の方向へと自然に収斂《しゅうれん》させていく。

鶴見の「限界」？

転向論にも並行している鶴見のサークル論一連と合わせてみたとき、やはり大塚の立論は挑発的だ。鶴見は「隣組」の平等と民主的性格を相対的に評価したが、「翼賛一家」は偽史によって伝統化された「隣組」で垣根なくつながり合う町内の世界に終始し、そこで強調された凡庸な「日常」や「生活」こそ戦時下意識を読者に植えつけるキーワードであったと大塚は考える。これは決定的な鶴見批判として読める。

大塚自身が仄《ほの》めかしているように、ここでの分析は過ぎ去った時代の、単なる死体解剖ではない。先行する著書『感情化する社会』では同様の構造を現代の「アイドル産業」や「おたく産業」に読みとっている。つまり、ウェブ小説であれ二次創作であれ、はたまたSNS上のコメントであれ、ファン文化の名のもと自発的にプラットフォームに投下される労働力は「参加」という回路を経て対価の不払いが正当化され、私企業の資本的成長に一方的に利用させられる。宇佐見りん『推し、燃ゆ』が芥川賞をとったことで一気に周知されるようになった「推し」文化もこれに数えていいか。

イヴァン・イリイチが「シャドウ・ワーク」という概念を提唱したことがある。主婦の家事労働が典型に挙げられることが多いが、対価として賃金が支払われる仕事《ワーク》と対照的に、生存にとって必須なのに支払われることのない再生産活動をいう。たとえば、サラリーマンの夫は会社に出勤して毎月給料を手にするが、妻は彼が眠るベッドの掃除、空腹を満たす食事づくり、リフレッシュのための風呂焚《た》きなどを甲斐《かい》がいしくこなしても賃金が支払われることはない。生産の過程にとって不可欠なのに表舞台から周到に覆い隠された再生産の奉仕の数々。これこそシャドウ・ワークであり、イリイチに詳しい山本哲士は、営為の音にひっかけてこれを「影為」と訳したことがある。

シャドウ・ワークは既に明らかなように性役割の要素を強く引きずっており、男（ワーク）と女（シャドウ・ワーク）の分業制批判がフェミニズムのなかで繰り返されてきたことは詳述するまでもないだろう。その上で、大塚の批判が興味深いのは、SNS的投稿社会というかたちで脱ジェンダーでの影為の全面的浸透を語っているからだ。プラットフォーム（ワーク）と投稿（シャドウ・ワーク）の構図は、男女の別、家庭企業の別を超え、創意あるところならばただちに侵入して、これを捕獲し利用している。

大塚英志とは評論「不良債権としての「文学」」を書き、文学フリマという文芸版同人誌即売会のきっかけをつくった書き手であったことを鑑みるとき、一連の投稿文化批判に宿る苦渋は想像にかたくない。言い換えれば、鶴見のサークルイズムは我々が想定していたよりもずっと現代的、いや、文化の最前線に積極的に採用されているとさえ評価していいが、しかしだからこそ手放しで称賛するには躊躇のいる「限界」性をいまだに抱え込んでいると捉えねばならないはずだ。

第六章　閉ざされること、開かれること

サークルの内側からサークル史を編む

鶴見のサークル論といったとき、まだ正面から取り上げていない文献がある。『共同研究　集団』の巻頭を飾った「なぜサークルを研究するか」だ。

そもそも『共同研究　集団』とは「集団の会」の研究成果だった。『思想の科学』は、サークル紹介欄を誌面に設けるだけでなく、周辺では会員たちを中心に多くの「会」を立ち上げていた。思想の科学研究会自体が、多数のサークル群からなるサークル連合の観さえある。そのなかで「集団の会」は、サークルの歴史を書くサークルをつくりたいという目的のもと一九六二年の暮れに鶴見が仲間を誘ってつくった、自己言及的なサークルであった。

ここではサークルの内側からサークルをみるという方法が採られている。なぜ外からではないかというと、第一に資料的な脆弱性《ぜいじやくせい》があるためだ。大手の雑誌や新聞といったメディアなら図書館を訪れれば、そのアーカイブを参照することでかつての思想の移り変わりもある程度は復元可能だ。客観的な位置から定点観測もできる。ただ、サークル活動だとその記録の多くはサークル自体が発行しているサークル誌を参照せねばならず、散逸しやすく、その保存状態も良いとはいえないのが常である。

大正期から青年団の運動を推進していた下村湖人《こじん》は、同じことを「煙仲間」と呼んだ。サークルを研究しようとするとき、煙は見えても火元は確かめられない。そのかすかな印すら一陣の風が吹けばすぐに消えてしまう。内側の視点はこのような性質が課す必然策でもある。

ただし、これら消極的理由のほか、より積極的な理由もある。鶴見は、仲間贔屓になってしまう危険を十分に認めながらも、「サークルの自己満足に、一度、手ばなしで共感するということも、必要だと、私は思う」と、その内部没入的方法のほうが優れる場面があろうことに注意を促す。「煙」で喩え直せば、「気体の力学として抽象的に確実にとらえるのでなく、煙そのものの内部の感覚をいくらかとらえようとする」態度がここにはある。

内に留まって世界を見渡すのは外に出られない不能を抱えているからではなく、その内側でしか築けない視座があるからだ。

四つの参考文献

外在的批評への禁欲は、鶴見が論文の末尾で挙げている、いささか奇異な参考文献と深く連絡しているようにみえる。

サークル論の先達として、鶴見は四つの著作を列挙している。すなわち、日高六郎「ベルグソンとデモクラシイの心理学」（『饗宴《きようえん》』一九四六年六月号）、谷川雁「さらに深く集団の意味を」（『サークル村』一九五八年九月号）、白鳥邦夫『無名の日本人』（一九六一年、未来社）、前田俊彦『瓢鰻亭《ひようまんてい》通信』（一九六九年、土筆社）である。

このうち谷川と白鳥に関しては前出しているので贅言《ぜいげん》を要しないだろう。ある学生が「北の白鳥、西の雁、なかをとりもつ鶴の一声」と唄い白鳥が不愉快になったという思い出話が残っているが、両者ともに鶴見が特に目をかけたサークル的実践者であったのは間違いない。

前田俊彦は初めて出てきた。一九〇九年に福岡県に生まれ、戦前は日本共産党に属していたが、やがて離党し、農業にたずさわりながら個人誌『瓢鰻亭通信』を創刊した運動家である。表題はヒューマニティの音にかけており、どぶろくを勝手につくって裁判沙汰になったりもしている自給自足の達人だ。アカデミズムにもジャーナリズムにも分類できない読み書きの実践の記録としてこの列に加わってもさほど不自然ではない。

が、その観点でいえば、日高六郎は果たしてどうだろうか。一九一七年生まれで二〇一八年に没した東大出身の社会学者であり、ある時期までは東大の教授職も務めていた――「評論家」のいかがわしさを引き受けようとしていた本人は拒むだろうが――生粋のアカデミシャンである。「限界」の列に加わるにはそのキャリアはあまりに煌《きら》びやかにすぎる気もする。奇異と述べたのは、まさしく鶴見の日高参照にほかならない。詳しくはあとで触れるが、ひとまず、その原文を引用しておく。

「日高六郎「ベルグソンとデモクラシーの心理《ママ》」(『饗宴』一九四六年六月、後に『現代イデオロギー』一九六〇年、勁草書房に収められた。)／敗戦後いちはやく書かれたこの論文は、中央指導体制の変化として民主主義をとらえる論壇の傾向からはなれて、デモクラシーを、集団のたましいの問題としてとらえ、集団がみずからをとざして内部の権威を確立する誘惑にうちかって、みずからの社会をひらいていく気組みとしてこれを考えている。

ここには戦後のサークル論の一つの源流がある」（鶴見俊輔「なぜサークルを研究するか」）

日高六郎と谷川雁

日高六郎は、北京《ペキン》の日本公使館勤務後に商社を立ち上げた父の仕事の関係で、中華民国は青島《チンタオ》にて誕生した。兄の影響で若い頃からマルクスやクロポトキンといった社会主義系の書物に親しんだ。東京高等学校に入学するために日本に戻り、その後は東京帝国大学文学部での助手仕事をしながら戦中期をすごす。戦後は大学教授職のかたわら、左派言論人として民主主義の擁護や教育問題に深く関わった。

日高は谷川雁の指導教員でもあった。自伝『戦争のなかで考えたこと』によれば、一九四三年、日高が助手だった時代に、学部生であるのに不遜な態度で現れた谷川青年と面会を果たし、出身地や戦争の行く末について語り合ったという。以降、二人の交流は断続的につづき、誌面でも互いに言及を重ねていく。谷川の一九五九年の論考「観測者と工作者」では、「私を「工作者」にした人間をただ一人だけあげよといわれれば、私はちゅうちょすることなく日高六郎と答えます」という印象的なフレーズも放られる。

この論考で谷川は、日高の「大衆論の周辺」という文章を、留保つきとはいえ高く評価している。これは実は鶴見「思想の発酵母胎」においても啓発された参考文献として谷川の『原点が存在する』とともに名を挙げられていたものだ。

インタビュー形式をとった「大衆論の周辺」は、先行して提出された政治学者の藤田省三「大衆崇拝主義批判の批判」への意趣返しであった。藤田は谷川流「工作者」の困難に触れ、知識人と大衆の中間を往く建前は結局のところ大衆への従属に帰着するとして、むしろ実践からかけ離れた知識人的態度の徹底のなかに突破口を求めた。谷川批判をふくんだこの立論に対して日高は、大衆を指導すべきものとして捉えるのでなく、反対に学ぶべき崇拝対象とみるのでもない、「知識人と大衆とのあいだの失敗の交渉史」の新たな局面を切り拓くものとして谷川の「工作者」論を位置づけた。また、知識と実践を鋭く分割し、前者の追求を呼びかけた藤田の操作を「区分の論理」と呼び、しばしば仲良しこよしの停滞も招きつつも実際にサークル的実践を駆動するのは「密着の論理」のほうなのだと応えた。

日高の目からみて、知識人はサークル的実践から隔たった頭でっかちとして理解されており、荒正人の依頼で『近代文学』に寄稿した一九四七年の「知識人の位置について」（原題は「大知識人論」）では、外国理論の輸入や紹介に終始する小知識人連中への不満が前面に押し出されている。

「気組み」の問題として考える

戦後民主主義を代表する論客といって差支えないものの、作田啓一《さくた》の日高論などを例外に、日高六郎が独立した思想家として論じられる機会は少ない。たとえば、同じイメージをもつ丸山眞男が、いまなお数多くの丸山論を生み出していることと比べればその差は歴然だ。原因の一つには著作目録でも分かるように、単著よりも編著仕事が圧倒的に多いことが災いしているかもしれない。そもそも日高の穏健な言葉の数々が、いまや紋切型になってしまった人権や平等に関する綺麗事《きれいごと》にしかうつらないとも考えられる。

ただ、鶴見は次のように書いていた。日高にとって民主主義とは「社会をひらいていく気組み」の問題であった、と。この点に日高社会学の最大の特徴がつづめられている。

後年の『戦後思想を考える』(一九八〇年)で日高は「正しさ」と「やさしさ」の両輪を説き、「やさしさとは、おそらく人間が有限の存在でしかないということの認識である」という印象的な文句を書きつけるが、「ベルグソンとデモクラシイの心理学」なる表題のなかにもう既にその認識の祖型を認めることができる。

というのも、ここでいう「心理」とは、論文中に登場する「論理」と対をなすからだ。つまり、現在を犠牲にしてでも未来社会への奉仕を要求するマルクス主義の民主主義は理づめ、すなわち「論理」において隙がないが、理を頼るだけでは広がっていくのに限界がある。これを突破するには感情や情緒を司《つかさど》る、「ある純粋な、やさしい、もろい、そして強靭な心理」の力を借りなければならない。ベルクソンという固有名は意外にもこの「心理」と関わるのだ。

日高の仕事のなかでもっとも有名なのは、独自の社会心理学を構築したエーリッヒ・フロム『自由からの逃走』の翻訳出版であるが、ここにもマルクス（論理）とフロイト（心理）の統合という側面があっただろうことは指摘していい。本書は自由を獲得しえたかにみえた近代人たちがその自由の重みに耐えきれずにファシズムや独裁的リーダーを求めてしまう心理状態のからくりを分析したもので、ひらたくいえば経済的不満を解消したとしても自己実現に連動した心の充実がともなわなければ人は簡単に全体主義的体制に呑み込まれてしまうアキレスに警鐘を鳴らしている。思えば、「知識人の位置について」も戦争が終わって自由に思考できるようになったはずのインテリがその責任の重さに耐えきれず外国の理屈紹介に汲々《きゆうきゆう》とするさまへのいらだちから起筆されていた。鶴見流にいえばここでも主題となっているのは「気組み」なのだ。

ベルクソン論文はサークルに言及しない

ただし、ぜひとも注意せねばならないことがある。鶴見が推薦しているベルクソン論文には少なくとも直接的にはサークルという言葉が出てこないのだ。奇異と紹介しておいたのはそのためだ。

鶴見は一九四六年の初出だけではなく、所収された一九六〇年の初論文集『現代イデオロギー』も挙げている。しかし、これを手にできている読者ならば、サークル研究入門にとってより適切な文章が日高にはあるのではないかと考えてもまったく不自然ではない。たとえば、一九五九年初出の「サークル的姿勢」(原題は「サークル的姿勢について」)。ここではサークルを文化主義と政治主義、個人主義と集団主義とが相克する「矛盾のかたまり」と捉え、参加者が調和ではなく乱調を経験できる点に積極的な意義を認めようとする。たとえば、母親たちがつどったサークルでは安保条約改定反対のスローガンを掲げるも、それだけでは解消しない心のしこりは職場や地域に持ち帰られ、新たな活動力へと転化される。ここにこそ日本の革命勢力の期待すべきリソースがある。日高はこれを「制度的硬直」と対比して「流動的偏向」と呼ぶ。「流動的偏向が、進歩のヴェクトルの向日性にたいして、地底の声をさぐる背日性の性格をおびてくるとき、そこに強烈な偏向者のエネルギーがあらわれてくる」。またも地下である。

これ以外にもサークルに言及した論文は『現代イデオロギー』のなかからいくつか拾うことができる。にも拘らず、同書を手にできる一九七五年の時点にあってさえ、戦後直後に発表されたベルクソンがどうのという固い文章を鶴見はなぜ推しているのか。ここには謎めいた選書眼がある。

第四主著

日高の「ベルグソンとデモクラシイの心理学」は一九四六年六月、『饗宴』に発表された。この文章の前半は、一九三二年に原著が刊行されたベルクソンの第四主著『道徳と宗教の二つの源泉』の要約と紹介に費やされている。

フランスの哲学者、アンリ・ベルクソンには先行して『意識に直接与えられたものについての試論』『物質と記憶』『創造的進化』という三つの代表作があり、第一次世界大戦を挟んだ『二源泉』ではそれまでの研究成果を礎石として、さらなる飛躍を求めた社会論を応用篇のごとく論じている。ベルクソン最後の著作である。

生の哲学の綽名《あだな》のもとでよく知られるベルクソンは、日本では西田幾多郎が紹介したのを皮切りに大正初年代に流行の観をみせた。官学アカデミズムではカントに代表されるカテゴリカルなドイツ哲学が主流の位置を占めていたのに対し、ベルクソンはその対抗として生命のナマの現実に接近しうると重宝された。第四主著が刊行されると日本でもさっそく抄訳が取り組まれ、一九三六年には平山高次訳、三九年には吉岡修一郎訳で完訳されたものが出版されている。ほぼタイムラグなく受容されたわけだ。一九四一年にはドイツ占領下のパリでベルクソンが逝去してしまうので、日高の論文は現在進行形の熱とはやや離れて発表されたことになる。

ベルクソンは第四主著において、閉じたものと開かれたものとを峻別《しゅんべつ》する作業に集中している。生命の流れに宿る、その二つの本性に従って、閉じた社会と開かれた社会、閉じた道徳と開かれた道徳、閉じた宗教と開かれた宗教――ベルクソンの語彙では「静的宗教」と「動的宗教」と表現される――の区別が次々に説明され、単純化すればベルクソンは後者に人類進歩の原動力を認めている。

もう少し説明を足そう。ベルクソンがいうように、人間社会は基本的には閉じている。閉じているとはどういうことかといえば、自分たちの社会の成員には親切や好意を惜しまないが、別の社会に属す人々に対しては敵意をもって遇するような態度をいう。内と外を厳しく分割し、内には贔屓を、外には威嚇をもって応える。万人は異邦人に対して狼《おおかみ》である。これは自然のなりゆきだ。けれども、ベルクソンによれば、そのような互いに反目し合う相克状態は、少数の傑出した個人の例外的契機を迎えることで解除され、堅固にみえた不和も次第に乗り越えられてきたのだという。ソクラテスやイエス・キリストを特に念頭におきながら、例外を提供してくれる彼らをベルクソンは「神秘主義者」と呼んでいる。最初は女性や奴隷を排除していた民主主義《デモクラシー》がだんだんと開かれていったのも、その歴史と並行している。これがベルクソンのいう開かれている状態だ。

勿論、社会が開かれたとしても、二つあったものが一つになるだけで第三の敵性に対しては再び防御的に反応せざるをえない。つまり、開かれの契機は瞬間的なもので、閉ざされはまた回帰してくる。それを認めた上で、ベルクソンは開かれた魂のほうに未来社会へのかすかな曙光《しょこう》をみる。ベルクソンのこの理想はカール・ポパー『開かれた社会とその敵』に大きな示唆を与え、丸山眞男はベルクソンとポパーを参照しながら「開国」(一九五九年)という論文を仕上げることになった。

ブレイクスルーとしての愛

政治学者のカール・シュミットは、政治的なものを「友」と「敵」に区別し「敵」を殲《せん》滅《めつ》することと定義した。現代の認知科学の世界でも、内集団バイアスという用語のもとで無意識に傾いてしまう内輪贔屓が論じられている。ベルクソンは、シュミットの言葉遣いを借りていえば政治に飽き飽きし、認知科学風にいえば自然な人のならいから身を翻して、これを打ち破る方途として「敵」さえも「友」として迎え入れるような開かれに希望を託している。単純化すれば、ベルクソンにとって閉ざされにこそ集団の有害性がある。

では、開かれとは具体的にどのようなものなのか。ベルクソンはそれを「愛の飛躍」と呼んでいる。

ベルクソン哲学に多少馴染《なじ》みのある読者ならば、ここで『創造的進化』において生命進化の根本動因と設定された有名な概念「生の飛躍《エラン・ヴィタール》」を思い出すに違いない。ベルクソンの仮説では、植物から動物、人間に至るまで生命は多種多様なかたちへと進化、つまりは分岐してきたが、その底には共通の推進力がある。そう考えなければジガバチがアオムシを麻痺《まひ》させるために九つの神経中枢を正確に刺すことなどできるはずがない。本能とも呼ばれる直観的な知がいずれの生命体にも備わっているように、かつては異質同士にみえた社会も「愛」という感情の高まりのもとで友として握手することができる。日高も引いていている『二源泉』の一節を孫引きしておく。「総《すべ》ての魂と血縁であると自ら感じ、集団の限界のなかに止《とど》まらず、自然に依《よ》つて設けられた連帯を以《もつ》て足れりとせず、愛の飛躍をなして人類一般に向つて進むやうな魂の天才達である」。

日高は人類愛とほぼ同義と捉えていい「同胞愛」という言葉で、ベルクソンのいう「愛」を受け止めている。実際、ベルクソン自身はそれを「友愛《フラテルニテ》」とも表現している。特定の異性や集団を依怙《えこ》贔屓にする愛ではなく、決して限定されないより普遍的に広がる愛である。『現代イデオロギー』の「あとがき」によれば、マルクス傾倒の反動のように研究室にひきこもり、ゲオルク・ジンメルとベルクソンを読むことで、「日本の軍国主義にたいする批判をもちこたえた」という。シュミット的政治の最大の表出であるところの戦争状態のなか、これの克服の夢を日高が『二源泉』にみただろうことは改めて指摘するまでもない。

閉ざされた円（サークル）

日高論文にはサークルという語が直接には出てこないと書いた。用心深い読者ならば、なら間接的には出てくるのか、といぶかしがるに違いない。そう、間接的には出てくる。閉じた社会を形容するときにベルクソンが用い、日高もまた忠実に踏襲している「円」という語がそれに当たる。

「個人と社会は円環を描いて互いに相手の条件として決定し合う。この円環は自然によって望まれたものだが、人間が人間的本性をその場で旋回するがままにしておく代わりに、人間的本性を前へと押し出しながら創造的な弾《エラン》みのなかに身を置き直すことができた日に、その円環は人間によって断たれたのである」（ベルクソン『道徳と宗教の二つの源泉』合田正人＋小野浩太郎訳）

日高論文のほうからも一節引いておく。

「閉ぢた社会は一つの円であり、その円のうちでは、人は人に対して神であるが、その外に対しては、人は人に対して狼である。この円は拡大することによつて決して開くことはない。何故《なぜ》なら円は常に一つの限界であり、完結であるから。この円はたゞ飛躍によつてのみ超越される」（日高六郎「ベルグソンとデモクラシイの心理学」）

円とは、元になったフランス語ではcercle、英語ではcircle、つまりはサークルのことだ。鶴見がサークル研究書の巻頭論文で、ほかでもないこの日高論文を推薦したとき、円《サークル》という図形がもつサークル思想への大きな示唆に気づかなかったとは思えない。日高のサークル論とは円論のことだった。

しかしながら、このように考えると再び大きな疑問に逢着《ほうちゃく》することになる。というのも、日高論文において、いや、ベルクソンの『二源泉』においてさえも、「円」とは閉ざされた社会（共同体）のメタファーであり、先述した通り、その閉鎖性を打ち破って開かれに開かれていくことに日高とベルクソンの念願があったからだ。円とは否定的な表象、「飛躍」でもって乗り越えるべき対象なのだ。

とりわけ、「拡大することによつて決して開くことはない」という円の特徴は、鶴見の「つつみこみ学風」に決定的な批判を与えてもいる。「つつみこみ」の運動によって知の領野は確かにだんだんと広がるかもしれないが、それを統べる集団は相変わらず閉ざされている。現代において、内集団バイアスを「部族主義」と言い換え、人間道徳にとっての厳しい制約として語るジョシュア・グリーンは、これを家族、友人、街、地方、国等々へと広がっていく「同心円状」に見立てるが、ここでも閉じていることに変わりはない。大きな円も小さな円も線が一周していること、完結しているのは同じである。それはときに選別的な暴力をサークル内部に封じ込めてしまう危険を帯びるのではないか。

ルサンチマンの反転としての人類愛

改めて問うてみれば、なぜ鶴見はわざわざベルクソン云々という文章を推しているのだろうか。

読み解く鍵は、日高論文の後半部にある。『二源泉』の紹介に費やされていた前半に比して、後半部で日高は論旨にやや分かりにくいひねりを加えている。開かれたものは閉ざされたものよりもよい。そして、その契機には「同胞愛」という感情的な昂《たかぶ》りが求められる。けれども、よくよく吟味してみれば、「同胞愛を閉ぢた魂に結びつけて考へることさへ可能なのである」と日高はいう。敵か友か、愛はそういった選別をしないからこそ社会に開かれをもたらしたはずなのに、その当の愛が閉ざされたものに由来しているのかもしれない。テーブルがひっくり返される。

愛の礼讃《らいさん》で終わってはならない。日高はベルクソンと肩を並べる仕方で、マックス・シエーラー、彼に先行するフリードリッヒ・ニーチェのルサンチマン（「反感 Ressentiment」）の理論に触れる。彼らの理屈によれば、普遍的な道徳成立の背後には「ある価値を持ち得なかつたものが、それを持つものに対して抱く憎悪、悪意、嫉妬、復讎心《ふくしゆうしん》等」があって、そのねじけた心根が普遍のルールという嘘《うそ》っぱちをかたちづくる。

人はさまざまな欲望を抱く。しかし、それらがすべて充足されるとは限らない。そのとき、フラストレーションを抱え行き場をなくした欲望は、本来欲していた充足状態をあえて貶《けな》す手前勝手な道徳的基準を創出する。あんなもの本当は欲しくなかったんだ、あんなものを手にしているほうが実は恥知らずなんだ……いわゆる酸っぱい葡萄《ぶどう》である。ニーチェはキリスト教信仰に、シェーラーは近代的人類愛にこのルサンチマン的転倒を読む。

彼らを通過したとき、ベルクソンの「愛の飛躍」にはケチがつく。ベルクソン的な「愛」とは開く愛であり、言い換えれば、無制限的で非選別的、社会のあいだの差を乗り越える普遍的な人類愛に等しい。しかし、ニーチェやシェーラーからみれば、そんなおためごかしの背後には醜く汚い怨嗟《えんさ》の念が隠れている。ベルクソン的「愛」は、満足のいく異性愛、家族愛、祖国愛をもてない僻《ひが》みの精神的逆襲にすぎないのではないか、と日高は自問しているわけである。

ゲマインシャフトとゲゼルシャフト

日高の一九六四年の論文「戦後の「近代主義」」では、竹内好《よしみ》「中国の近代と日本の近代」が検討されている。中国文学に詳しい竹内は近代日本の状況を模範とすべきヨーロッパ近代への過度なコンプレックス、つまりは「ドレイ感情」をこじらせた末路と読んだ。「あてはめ学風」が教えたように、西欧の理論を輸入し上手く咀嚼することこそ知的進歩の証とする理解はいまなお根強い。

日高は竹内の歴史観や現状認識自体には首肯しながらも、「ドレイ根性を内部に全く持たない蒸溜水的主体」から出発してはこれを「内がわから打ちたおしていく仕事」はできないと応えた。ここでいう「ドレイ根性」の厄介さにルサンチマンの両義性を透かしてみることはそう難しくはない。ドレイ根性を見据えない者は、陰に隠れたこの根性に支配される定めにある。

そもそも、ベルクソン論文に先行して、日高は類似する閉ざされ／開かれの逆説について議論していた。一九四四年六月、『年報社会学研究』に発表された「集団の封鎖性と開放性とについて」では、社会学者フェルディナント・テンニースの有名な「ゲマインシャフト」と「ゲゼルシャフト」の対概念に触れながら、これを論じている。

ゲマインシャフトとは家族や村落を典型とするような情緒的につながる自然の共同体を指し、ゲゼルシャフトは会社のような利益追求のため意志的に結成された結社、共同体をいう。この二つを比べてみたとき、一見、後者のほうが開かれているようにみえる。というのも、ゲマインシャフトは有無をいわさぬ強制力、自然のなせる業のなかで結成されるのに対して、ゲゼルシャフトは個々人が自身の損得を鑑みながら選ぶ、そういう選択可能性に開かれているからだ。テンニースはゲマインシャフトで働く個々人の意志を「本質意志」といい、ゲゼルシャフトでは「選択意志」という。選べないものと選べるものの対照だ。

ゲマインシャフトは、誕生や成育に関する宿命的な環境が強く作用し、それにあずかる者は特殊な閉域に囚われ、共有できなければ余所者《よそもの》として爪弾《つまはじ》きにされる。閉じた社会であり、政治＝友／敵のコードに縛られている。利益や目的が合致するのならば、選択可能性を許すゲゼルシャフトのほうがずっと参加しやすい。だから、テンニースは「封鎖性とゲマインシャフト、開放性とゲゼルシャフトとを結びつけて述べてゐる」ととりあえずはいえる。

閉ざされた企業、開かれた家族

しかし、日高はこの閉ざされたゲマインシャフトと開かれたゲゼルシャフトという先入見に揺さぶりをかける。

ゲゼルシャフトは確かに開かれているようにみえる。ただ、その開かれは今日の資本主義下の企業体がそうであるように外部との関係において競争的な性格、「闘争性」を帯びざるをえない。そこで目指される利益なるものがゼロサムゲームで設計されているのならば、他者の利益は自己の損益に等しく、「万人の万人に対する関係は潜在的敵対と闘争である」。ゲゼルシャフトの開かれとは、一方では競争による切磋琢磨《せっさたくま》をもたらすものの、他方では一部の勝者をピラミッドの頂点に押し上げるための屍《しかばね》の徴集でもある。ゲゼルシャフト的開かれは、開かれるが故にある特定の関係性だけを強化する閉ざされを内在させている。

こんな場面を思い浮かべてみてはどうだろう。グローバルに展開する大企業に就職することに成功し、毎日、多国籍な同僚なり上司なりに囲まれながら目の前のタスクを消化することに力を尽くしている。ただ、彼らの多くはビジネスライクな関係を好み、私的な交流や飲み会での付き合いは望めそうもなく、業績評価の目も互いに厳しい。そうこうするうちに、仕事がいよいよ激務を極め、深夜に自宅に帰ってきても妻は眠ってしまっていて顔を合わせることはなく、最近は地元の友人とも連絡をとっていない……。ここで感じられる疲弊は開かれているはずの集団（グローバルで多国籍）がそこで働く個人をある開かれにだけ閉じ込めてしまう逆説に由来している。

同じ逆説は実は閉ざされているようにみえたゲマインシャフトにも認められる。典型となる家族を考えてみたい。家族は限定された成員で構成され、しかも彼らは必ずしも自身の自由意志のもと当の家族を選んだわけではない。特に子供がその家族の成員として生まれ落ちることには大した理由はない。子供の側からみれば、偶然的な結果にすぎず、だからこそそのミスマッチは宿命的に響き、運が悪ければ「毒親」として現れもする。にも拘らず、そのような限定や強制があるからこそ、企業内での闘争ではみられないようなコミュニケーションにも開かれる。「人間がその個人的生活から脱《ぬ》け出て愛他的生活を学び始めるはこの家族生活において」であり、来たるべきさまざまな関係性の可塑的な型を人は先んじてそこで学ぶ。「封鎖的ゲマインシャフトは、外と敵対的であるばかりでなく調和的でもあり得る」わけだ。

そしてこの論文でも、以上の対の逆転を引き受けた思想として、ベルクソン『二源泉』が参照される。「逆説的に表現するならば、われらは閉ぢた社会において開いたものを、開いた社会において閉ぢたものを見出すことが出来るであらう」。

ベルクソン論文以降も、日高の著作のなかで閉ざされ／開かれの議論はたびたび出現し、たとえばエッセイ「断章・私と大学」（一九七〇年）では、学生運動を経て東大を辞めた経緯を説明しながら、社会に役立つ大学再建のために象牙の塔としての大学を破壊しようとするお題目を「文部省的「開放性」」と呼び、学生たちの大学への要求と区別して、「二つの開放性がここで対峙《たいじ》する」と論じた。また、「戦後青年の意識」（一九八六年）においては『二源泉』から「開いた公」と「閉じた公」（閉じた私ではなく！）という二つの公共性概念を引き出すことになる。

日高は、あらゆる集団のなかに開かれのなかの閉ざされ、閉ざされのなかの開かれという二重性を読み取る。どちらかを理想化し、そうでないものを敵役に設定しただけで満足しない。そしてその態度は、毒と薬を選り分け、前者を捨てれば万事解決とする毒の術語系に抗《あらが》いながら「有害な小集団」を考えたい我々が倣うべきものでもある。

第七章　プラグマティズムと共同体の問題

「自我のくみかえ」

さんざん先送りしつづけている問いに対して、いいかげん応えなくてはならない。鶴見はなぜ日高のベルクソン論文を推薦しているのか。

改めて「なぜサークルを研究するか」を読んでみると、なるほど、いかにも日高的なトピックを拾うことができる。たとえば、「サークルの内なるファシズム」の危険。固定したメンバーで回す「とざされたサークル」において、その内側では指導と被指導の垂直的関係が生じ、専制が強まることがある。一九七一年から翌年にまたがる、あさま山荘事件に帰結した連合赤軍の粛清行為はその代表例で、新左翼集団が警察の目から逃れるために群馬県山中のアジトに立てこもったものの、総括と称して仲間にリンチをくわえ多数の死傷者を出したのだった。

ただ、それ以上に、次のような記述に注意が向く。

「たがいに信頼をおくつきあいの中では、サークルの進行途上で、自我のくみかえがおこる。サークルのメンバーは、はじめに主張したのと正反対のことを後に主張したりするものである。そういう立場の変更は、忘れられているので許されるのでなく、認められた一つの慣行となっている。サークルは、つねに仮の主張として自分の考えをまず人前においてみるという、仮とじの本のような形をもっており、落丁があればそれをなおし、脱落は修正するという用意が、メンバーによってわかちもたれている」（鶴見俊輔「なぜサークルを研究するか」）

サークルという緩やかな付き合いの場においては、「自我のくみかえ」が起こる、と鶴見はいう。自身の信じる主張や理説の正しさが一時中断され、他者とのコミュニケーションのなかで態度変更が許される。意見を変えてもいい。お咎《とが》めもなし。もし自我が一冊の本であるのだとしたら、サークル内自我は、商品として流通するのにふさわしい製本に至る前の「仮とじ」によってページ同士をつないでいる。

まさしく、ここで論じられている自我の組み換え可能性とは、日高が論じていた開かれの具体的実践なのではないか。「くみかえ」を通じて自我が当初もっていたエッジをなくし、スムーズに種々の他者と入れ替わりうるようななめらかさ、自我がすなわち人々が行き来する街中の雑踏であるかのような位相にこそ鶴見の着眼があったように思える。

一冊の本を、諸々の本から抜き取ったスクラップ・ブックとして編集し直せ。そのページの一つひとつは、仮閉じならぬ仮綴《かりと》じでつなぎ合わされ、そのような製本技術だからこそ生まれる、ゆるさがある。

かくのごとき柔軟な本、もとい自我のバッファが許されるには、互いに信頼可能でフルオープンではない集団性が求められる。「サークルの何回もの会合が持続してゆく間に、つきあいの成熟にかける時間というものがある。活気のあるサークルには、その底に、長い時間をかけてつきあうに足る相手だとおたがいに感じる、共有された直感がある」。限定された親しみによって自我が他者に開かれていく。閉ざされのなかの開かれを求めた日高の逆説がここに活《い》きている。

プラグマティズムを学ぶ

サークルの四つの分類を試みていた鶴見俊輔の論文「戦後日本の思想状況」の後半では、

ハーバート・リードの「パースナリティー」と「キャラクター」の区別を引きながら、前者を環境変化に応じて自分を変えていける転向の力、後者を変化に押し流されず自分を維持する非転向の力と解し、前者の増幅装置として小集団（サークル）が見出されていた。曰く、「サークルのメンバーは、より多くのパースナリティーをもつように、ゆうずう性のある人間にそだってゆく」。ここでいわんとしていることも、つまりは「仮とじ」としての自我である。

一つの連想が働く。鶴見は戦前戦中にかけてアメリカのハーバード大学でクワインやチャールズ・W・モリスといった高名な教師らのもと哲学を学んでいた。そして、そこでの中心テーマこそ、ずばりプラグマティズムであった。鶴見の眼鏡にかなった日高論文は、かつて鶴見青年が異国の地でやっと学びとった考え方との共振を語るものとしてうつったのではないか。

一八七〇年代の前半、マサチューセッツ州ケンブリッジ。「形而上学クラブ」（The Metaphysical Club）という学生らのクラブ活動を主な震源地として発展してきたのがプラグマティズムだ。発想の源となった論文を書いたチャールズ・S・パース。破滅的な生活を送っていたパースを陰に陽に手助けしながらプラグマティズムの布教役も務めたウィリアム・ジェイムズ。クラブに属したわけではないがプラグマティズムの成果を教育や政治などの実社会に応用していったジョン・デューイ。この三人が御三家としてよく語られる。鶴見の卒業論文は、『プラグマティズム』を著すことでその思潮を世界に広めたジェイムズについてであった。

プラグマティズムの「プラグマ」とはもともと「行動」を意味するギリシャ語だ。勿論、どの思想家に焦点化するかによってその説くところは千差万別だが、大雑把なイメージとしては、観念よりも事実、定義よりも使用、思うことよりも為《な》すことに力点が置かれている考え方といっていい。

たとえば、『プラグマティズム』にはこんな挿話がある。一本の木がある。これを挟んで人間とリスがおり、人間はリスを見ようと追っかけるけれど、リスもまた同じ速さで逃げるので両者がかち合うことはない。そういう状態を人間はリスの「まわりを廻《まわ》っている」と表現していいかどうか、と学者たちが言い争っていた。ジェイムズが答えて曰く、それは「まわりを廻っている」という動詞をどのように使用しているかで変わる。リスの東西南北の移動に合わせて人間が移動しているという意味ならば然り、リスの正面右背後左に人間が移動しているという意味ならば否。

ここで注意すべきは、言葉の意味というものが辞書に出てくるように一つひとつ割り当てられているのではなく、その習慣的・文脈的な使用によって左右されるという点だ。「まわりを廻っている」の用法として、東西南北も正面右背後左も間違いとはいえない。なのに、その前提を確認せず「まわりを廻っている」の行為だけを客観的に描出できると考えたり、語源を調べることで一義的に確定できると考えても詮無い結論にしか至らない。どうあるべきかよりも、どうあるのかに先ずは照準するところに、プラグマティズムの反形而上学的性格、行為ベース・事実ベースの特徴性が読みとれる。

また、この議論は言葉の意味よりも使用を重んじる語用論（pragmatics）とも直接関連してくる。「まわりを廻っている」の使用者はどういうつもりで、なにを目的にしてそれを言っているのか。現代プラグマティズムが言語の問題に取り組む分析哲学との協働のなかで、この語用論の視点を大きく取り入れていることはぜひ指摘しておきたい。というのも、初期鶴見の仕事を分析哲学や語用論の観点から高く評価する向きもあるからだ。

日本のプラグマティズム

日本とプラグマティズムというお題を立てたとき、ジェイムズに感化された夏目漱石や西田幾多郎といった巨人もいるにはいるが、デューイの存在感は特に強い。一九一九年には来日し、そこで行った講演の記録『哲学の改造』はあまたの読書人に愛されてきた。また、教育論の分野でも機械的・暗記的な学校観からの解放、自由教育の文脈でデューイはよく参照される。

アメリカ留学中にデューイに師事していた田中王堂という明治大正期の評論家は、プラグマティズム思想に立脚した言論や論戦を展開することでその最初期の紹介係を務めた。王堂は「具体理想主義」という立場をとる。理想主義者は、目の前の障害物や制約をことごとく無視した無限遠点に自らの目的地を見出すが、それ故にこそ実現可能性が低くならざるをえない。王堂はその扱いにくい理想を「方針」と言い換えることで、目的のための優先順位や目的性そのものの見直しに役立て、理想と現実のあいだの深い断絶を乗り越えるべきだと主張した。

早稲田大学で教鞭《きょうべん》をとっていた王堂の弟子に、総理大臣も務めた石橋湛山《たんざん》がいる。その政治思想や経済政策には王堂の「具体理想主義」が大きく影響していたといわれ、鶴見晩年の一作『たまたま、この世界に生まれて』でもそこに日本プラグマティズムの主線を認め、以降に後続がなかったことを問題視している。実際、多くのマルクス主義者にとってプラグマティズムの現実的な落としどころを探る折衷の態度は、革命の理想を否定し、労働者を洗脳するようなアメリカ資本主義を鼓吹するイデオロギーにすぎなかった。

パースを読む

鶴見の『たまたま、この世界に生まれて』は「半世紀後の『アメリカ哲学』講義」という副題をもつ。一九五〇年、それまでに発表していたプラグマティズム関連の論文をまとめたのが『アメリカ哲学』という一書だった。

ホウムズ、オットー、グリーンといったクラブの最初期メンバーへの目くばせ、日本のプラグマティストとして小説家の佐々木邦《くに》を見出している点などはほかの類書にはみられない特徴といえるが、そのなかでもパースへの厚い記述は見逃せない。

というのも、パースはプラグマティズムの始祖であるにも拘らず、一般にはこれを伝道したジェイムズのほうが人口に膾炙しているからだ。しかも、パースとジェイムズの考え方は大きく相違し、両者は「プラグマティズム」という名づけの由来で悶着した結果、パースは「プラグマティシズム」の新屋号のもと自分の思考を再出発させたという経緯もあるくらいだった。

パースは一八七八年の「我々の観念を明晰《めいせき》にする方法」のなかで、後に「プラグマティズムの格率」と呼ばれているものを唱える。これに従えば、ある言葉の意味を明晰にしたいときは、その言葉と結びついている実際の帰結や行為とセットに捉えなければならない。たとえば、「ダイヤモンドは硬い」の「硬い」とはなにかと問うてみたとき、「それで削るとすべての物質に傷をつけることができる」とより明晰に置換することができる。ここにでてくる条件性（もし○○ならば××といえる）や実験性（やってみてから意味が定まる）がのちのプラグマティストたちの基調をかたちづくっていった。

ただし、注意しなければならないのは、ここで得られた明晰な認識とは、決して真理を約束するわけではなく、どこまでもその人の「信念」でしかない。ここには反デカルト主義的な特徴を読むことができる。近代哲学の祖・デカルトは、すべてを疑った果てに残る疑いえないもの、すなわち疑う私（コギト）を真理探究の基礎として見出した。試みられているのは、世界を歪めて映し出す身体や感覚の世界から離れ、思考の無菌室のなかで手《て》垢《あか》のついてない純粋な真理を追い求めようとするプロジェクトである。

パース＝鶴見はそのように考えない。以下は鶴見書から引くが、実際には、「われわれが、ある問題について考え始める時には、ある事柄について疑いを持っていると同時に、疑い得ない信念をいくつか手許《てもと》に持ち合わせている」からだ。ゼロ・リセットはできない。無菌室はただの傲慢な信憑で組み立てられている。

　イギリスの学者、アレグザンダー・ベインに端緒をもつところの、パース＝鶴見がいう「信念」とは、「それに従ってわれわれが行動する用意ある考え」のことをいう。「用意ある」は、「癖のある」「習慣（habit）のある」と言い換えても構わない。つまり、懐疑の徹底に先んじて、人は誤っているかもしれない信念に従って行動している。それは避けようがない。懐疑のプロジェクトさえもそういう習慣の偏りのもとで初めて取り組める。その惰性を無視して知の世界を自由に滑空できるとするのは形而上学者の悪い癖だ。

　鶴見が転向研究のなかで「思想」なるものを「信念と態度の複合」と定義し、転向を物書き連中の文章から拾える諸命題の体系に還元するのではなく、ある人の行為や出来事への反応の履歴、その経過を重視するのは——これは転向研究にみられ、さらには以降の鶴見の仕事でも大きなウェイトを占める伝記という方法の重視とパラレルである——、さかのぼればプラグマティズムの反デカルト主義から学んだものだった。

信念を固めるための方法

各人がその胸に抱く考えはどこまでいっても信念でしかない。絶対の真理には到達できない。では、みな誰も正解をもっていないという相対主義で満足すればいいのか。どうせ妄想しかもてないのだと居直ればいいのか。

そうではない。パースの論文「信念の確定の仕方」によれば、信念をより強固にする方法が幾通りかあり、これによって程度の差はあれ、より真理に近いであろう信念をかたちづくることが期待できる。

到達しえないものの想定することは許される真理をパースは「実在」(reality) と呼び、鶴見は「現実」と訳している。ここでもパースはジェイムズと鮮やかな対照をなしている。ジェイムズにとって「真理」とは各人が自分にとって役立つ考え方で構わない。通俗的な意味で実用的な定義を設けている。現代プラグマティストであるシェリル・ミサックがジェイムズ中心のプラグマティズム史観を邪道と斥けて、パースの復権を訴えるのもこの論点がないがしろにされているためだ。

よく知られた可謬《かびゅう》主義(fallibilism)、鶴見が訳すところの「マチガイ主義」は、人の愚かしさを前提に組み込んだ上で、信念のもつ過ちや偏りを細かく修正していくプロセス、より確かなものへと更新していく時間的幅を許容する。左翼にとって修正主義や日和見主義は罵倒語だが、プラグマティストにとってはそうでない。

パースは、自分好みの意見に盲従すること、政府や法王庁などの社会的権威に従うこと、理性の導くところに従うこと、といった信念の固め方を挙げながら、最後の方法として、科学的探究のための共同体を通じた思索に最良のものを認めている。

一見、理性への依頼のほうがずっと適当であるようにうつる。ただ、そのような直観は頭でっかちなデカルト主義であって、共同体の判断を経ないで導出される実在（reality）に関する理性的判断なるものは、単なる信念を究極の真理であると驕《おご》り高ぶった結果なのかもしれない。そうではなく、「実在の何たるかは、コミュニティの究極の決定に依存する」のだ（パース「四つの能力の否定から導かれる諸々の帰結」）。

まさしくここにこそ、日高のベルクソン論にも共鳴するような、ねじれた開かれにつながる志向性のルーツがある。今度は鶴見書から引く。

「思索は自己統制と呼ばれるけれども、その自己なるものは、二つの面で拘束を受けている。第一に自己とは単一のものでなく、いくつにも分裂している。各瞬間における自己はその後にくるべき自己に向かって話しかけており、それらの自己に相談を持ちかけているのだ。／第二に、自己はなんらかの社会集団（community）に属しており、その集団全体よりも下位にある」（鶴見俊輔『アメリカ哲学』）

時間と共同体のなかで変わる私

パースによれば、自己なるものは不断の変化の過程を生きざるをえない。第一には時間のなかで自然に移り変わっていく拘束のなかに置かれ、その幅のなかから出てきた複数の自己が相談し合うことで仮初の統一性が仮構される。けれども、それはどこまでいっても仮初のもので、より細かくみれば自己同士のコミュニケーションがあるだけだ。

鶴見はこの箇所に「ミードの先駆けをして、role-taking 説を取り入れている」という注をつけている。ミードとは、プラグマティズムを一個の社会理論にまで高めたジョージ・H・ミードを指している。シカゴ大学で教鞭をとり、同大学のデューイと友好を深め、生前は周知されることがなかったものの死後に発見された遺稿の数々によってその創見が認められた。role-taking 説とは要するに「役柄交換説」とでも訳せるミードの中核的な発想だ。

ミードは人間の社会性の萌芽《ほうが》を「ごっこ遊び」に求めた。子供らは遊びの時間を通じて、母親や教師や警察官、ときに犬猫になりきる。母親役、教師役、警官役、犬役を演じ、ころころ演じ分けることも厭《いと》わない。そこにおいて彼らは本来は自分のものではない刺激と反応のパターンを仮想的に習得し再現することで「自分の自我にとって他者となる」事態を実践している。これには「時間的状況」が必須で、というのもそこでいう他者の実態とは、ある刺激に対してそれにふさわしい反応が生まれ、それがつづいていくという時間的な問答の連鎖にほかならないからだ。これを礎石とし、役割の恣意的な変更が許されないより組織化されたゲーム的な遊びを経て、さまざまな社会生活、さらには個々人の思考の過程そのものにも「自分の自我にとって他者となる」が活用されているとミードは考えた。

森崎和江は自己の複数性をフェミニズム的な観点から理解していた。母、妻、主婦といった押しつけられたさまざまな名（役割）による女性主体の分裂である。『無名通信』がこれを拒否するスローガンとともに出発したことは既にみたところだ。パース＝鶴見にとって、その複数性は性差由来ではなく、人間のもつ社会性のより普遍的な特徴として読まれる。

ここに共同体という変数が追加される。つまり、「自己の中において集団の立場を代弁する批判的自己」が個人の信念を科学的に、つまりは独善的でないかたちで固める。自己の複数性は属した共同体に適した自己の差分もまた生み出す。鶴見＝パースが強調するのはここでも時間性が関係してくるということだ。実在＝現実は「未来」の時制に繰り延べされているもので、常に未確定だ。ここでいわれる共同体とは、因習や旧弊でイメージされるような紋切型でなければ、また定められた掟を信念に押しつけてくるものでもなく、自己の信念を未来へと繰り延べさせることで開かせる探究的な共同体である。そしてここには日高のベルクソン論を高く評価した鶴見サークル論の雛型があるのではないか。

形而上学クラブというサークル

鶴見が的確に指摘しているように、パースはプラグマティズムの格率を定式化する際、「われら」（we）という複数的主語を用いる。「私」（I）ではない。そこで表現されているのは、信念とは個々人のばらばらな経験に捨てておけばいいのではなく、「社会集団の一般的行動」のなかで洗練を遂げねばならないという科学的精神だった。そして、科学を科学たらしめるのは個人の理性ではなく共同体なのだ。

そもそも、パースの知的活動を支えた形而上学クラブ自体がそのような探究者たちの共同体であった。だから鶴見が「サークル」と記す際、その筆頭には形而上学クラブが想定されていたと考えてもなんら不思議はないはずだ。実際、『アメリカ哲学』の冒頭では形而上学クラブと戦後のサークルが重ね合わされていた。

「今日わが国の各所で開かれている文化会（敗戦直後サークルはこう呼ばれた）で見られるごとく、若い者の談合は、往々にして高踏的になり、具体的な果実を残さぬ場合が多い。ケムブリッジの「形而上学クラブ」においても、その危険が憂慮されたので、こうした会合があったということの記念を、何か目に見える品物の形で残しておこうと言って、パースが短い論文を一つ起草した」（同前）

記念碑的論文「我々の観念を明晰にする方法」のことである。このような事情を勘案しても、「プラグマティズムという思想は、「形而上学クラブ」の同人の合作と言えるのであ」り、言い換えれば、それ自体が「仮とじ」の同人誌のようなものであった。

生活綴《つづ》り方運動は攻撃的プラグマティズム

鶴見がプラグマティズムから受け取ったはずの時間－共同体論的な視角はこれまであまり重視されてこなかった。

鶴見のプラグマティズム的素養は、一般には生活綴り方運動への高い評価と結ばれて読まれることが多い。生活綴り方運動とは、戦前においては教育勅語の画一性への反発のもと子供が実生活で経験したこと・感じたことを自分の言葉で表現できるよう促す作文法で、もとは芦田恵之助《あしだえのすけ》や鈴木三重吉《みえきち》らによって開拓され、戦後は特に無着成恭《むちゃくせいきょう》『山びこ学校』（一九五一年）、同年の国分一太郎《こくぶん》『新しい綴方教室』で復活したといわれる。大人が実践する場合は、生活記録運動と表記されることが多い。

鶴見と久野収との共著『現代日本の思想』（一九五六年）の第三章では、そのものずばり「日本のプラグマティズム」と題して生活綴り方運動が扱われている。その心は、元祖プラグマティズムが言葉の意味を正確に知るための方法、すなわち読むことの理論として発生したのに対し、生活綴り方運動は書くことの実践と一体の産物であった。思想に対する行動の優先をプラグマティズムの重要な構成素と見做すのならば、理論よりも実践（書くこと）に軸足のある生活綴り方運動は「もっと徹底的にプラグマティックな運動の形」をしている。元祖が防御的であるのと対照的に「攻撃的プラグマティズム」とも形容される所以だ。外国の理論よりも土着の知や方法を優先したいとする鶴見の傾向がよくでている。

ただし、これらお題目に反して鶴見がその実践の場にそこまで熱中したようにはみえない。『エンピツをにぎる主婦』（一九五四年）編纂に関わった姉の鶴見和子が、女工や主婦たちがつどう生活綴り方の現場に積極的に参加し、紡績の女性労働者から「わたしたちの気持は鶴見さんにはわからないと思います。それは鶴見さんの責任ではない。かんきょうの罪だけど、でもそのへだたりをなくさなければ、わたしたちは一つになれないのではないかと思うのです」という挑戦的な手紙を受け取ってもそれを真摯に受け止め、インテリ・ブルジョワ一家に生まれた自分を解脱するかのごとく自己改造にはげんだのと比べるとその距離は際立つ。

というよりも、『戦後日本の思想』で鶴見俊輔は綴り方運動の危険として自己を集団と一致させ批判精神の低下を招く「エゴの共同体化」に警鐘を鳴らしてさえいる。谷川嘉浩《よしひろ》の浩瀚《こうかん》な鶴見論がパースのような共同体モデルではなくジェイムズ的個人モデルでこそ鶴見のプラグマティズムを読むのにふさわしいと考えるのもその特徴を重くみるからだ。集団のなかに埋没して自分がない状態は良くない。

その上で本書は鶴見を共同体モデルで読むべきだといいたい。改めていうのならば、単に共同体があればいいのではなく、そこで注目すべきだったのは時間‐共同体的契機で出来する自己と自己の隙間、そのあいだでなされるコミュニケーションだった。

大塚的批判に控え目に応える

この論点は大塚英志が抱くはずの鶴見批判への控え目な応答になりうる。個々人の草の根的な創意はその表現の体制（投稿や参加）に依存する限り、ワークであることを奪われ、シャドウ・ワークとして簒奪《さんだつ》・利用されてしまう。が、第一にどんなに小規模であれ表現の場を自前でまかなう限りその構造の外に出ようとすることは相対的には可能であり、第二に、もし仮に簒奪されたとしても鶴見からすればそこで重視されるのは成果物それ自体ではなく、成果を生む過程で生まれるコミュニティ／コミュニケーション、自我のくみかえ、ベルクソン＝日高風にいえば「開かれた魂」の実現だったはずだ。

谷川雁は一九六一年発表の「断言肯定命題」で、「主婦労働は使用価値は生むが交換価値は生まない」とシャドウ・ワークに酷似した認識を示していた。主婦労働は資本主義社会のなかで値札のつかないただ働きとして除け者にされる。いうまでもなくそれに依存しながら。谷川はこれと現代詩作とがアナロジカルな関係にあると指摘する。詩集の多くはよほどの著名人でない限り自費出版ないしは共同出版のかたちで刊行され、創作者の儲《もう》けは無に等しいか、はたまた大きな赤字であるのが常である。詩は小説以上に商品たりえない。市場化されない。しかし、この無用性の積極的な引き受けによってこそ経済の論理の外から新たな政治の論理を組み直すことができる。赤が攻勢に転じるときがある。谷川の啓示は、日高や鶴見のサークル論にとって、政治＝友／敵コードの敵としての自我論に対応したようだ。

鶴見は「戦後日本の思想状況」のなかで「サークルは、個人が内部にもっている密室にちかい」と謎めいた言葉を残している。小集団なのに秘められた内奥の心をかたどっている。撞着的《どうちやくてき》な言い回しではあるが、ミード理論が採ったように、人間の思考が潜在的な意味での対話によって成り立っているのならば、自己内対話ができる間隙、自分とは違う自分と対峙せねばものを考えることはできない。思考の自律性（密室）をもつには、閉ざされたサークルでの開かれたコミュニケーションによって自己の複数化とその連絡を促さなければならない。体制に反省的な知的主体とは、そのようなレッスンを経て初めて期待できるのではないだろうか。

政治社会学を専門にする安藤丈将《たけまさ》は、日高六郎との対談を引きながら、鶴見のいうサークル的「自我のくみかえ」作用のなかに公私二元論では捉えきれない中間、「マルとバツの中間」としての「三角」を読む。第一項と第二項から区別された第三項であると同時に、最善でも最悪でもない、ほどほどとしての「三角」。言い換えればそれは、公私の分割そのものがひどく硬直的で相互排他的な、閉ざされたものとして固定してしまう危惧への一つの処方箋であった。公と私の位置を、アカデミズムとジャーナリズム、純粋芸術と大衆芸術に入れ替えても構わない。

第八章　現代の種の論理

個―種―類

ベルクソン『二源泉』が刊行され日本で盛んに紹介や解説が行われた一九三四年から翌年にかけて、日高に先んじて一人の哲学者がベルクソンに果敢な闘いを挑んでいた。その名も田辺元《はじめ》。西田幾多郎の陰に隠れながらも、日本第二の哲学者として知る人ぞ知る京都学派の巨人である。彼の「社会存在の論理――哲学的社会学試論」は『二源泉』への大いなる挑戦である、と同時に、その独自ターム「種の論理」が初めて用いられた論文でもあった。

種とは個（特殊）と類（普遍）のあいだにあって両者を媒介する中間項のことである。少し個人的な挿話を挟もう。最近まで犬を飼っていた。我が家で飼っていたカンナ（♀）

はほかにかえがたい個体として存在したが、同時にイヌの概念そのものに等しい類としてのイヌに数えられもする。非常に具体的なカンナと抽象極まりないイヌ概念のあいだで、種はゴールデンレトリバーやヨークシャテリア、カンナの場合はミニチュアダックスフンドだったのだが、そういった犬種への帰属を割り当てられる。個人に人類を対置させるときは、国家や人種等々が種として挟まれる。田辺は既存の社会哲学に、具体と抽象をつなぐこの「種の論理」が足りていないという問題意識のもと次々と批判を繰り出す。『二源泉』はその標的の一つである。

ベルクソンは「閉じた社会」と「開いた社会」を弁別した上で、飛躍を重ねるごとにその対立が表面的になり人類の調和はだんだんと増していくのだとする楽観的未来観をとっていた。田辺からすればこれは、本性の差に由来する対立的関係をうやむやにしてしまう「二元統一的生命観」に相当する。開く力は対立を無化するからこそ開くものたりうる。ならば、閉じたものと開いたものも最後には対立しなくならなければ嘘である。なるほど、ベルクソンの主張は一貫している。ただ、これでは個と種と類を隔てる閾《いき》が等閑視されてしまい、否定を介したダイナミックな媒介作用が実現しない。ここに田辺の不満があった。せっかく区別したのに、なぜ台無しにするようなことを!

田辺は「種の論理」とほぼ同じ意味で「絶対弁証法」という言葉を用いていたが、こちらを借りるのならば、ベルクソンには弁証法が足りない。ここでいう「弁証法」とは、あらゆる存在は相克・摩擦・衝突といった闘争的機会にさらされており、それを通過することによって以前よりもさらに自身に磨きがかかるといったイメージで理解するとよい。冠された「絶対」とは、例外なく万物にこの媒介性（闘争）がつきまとっているというような意味合いだ。なにかを介することなしに直接的にある、無起源にある、という状態を田辺は絶対に認めない。

やや乱暴に対置してみれば、ベルクソンにとって閉じた社会と開いた社会は質的に異なるもので互いに現れたり隠れたりするのを繰り返していくが、田辺はその二つが向き合って対決する、バトルするのでなければ本当の意味で開いているとはいえないと考えているのだ。

from から to へ?

日高の「集団の封鎖性と開放性とについて」では、テンニースのゲマインシャフトとゲゼルシャフトにおいてそれぞれ生じる閉ざされと開かれについて論じられていた。田辺の論文でもテンニースの議論が俎上に上げられている。そこで焦点化されているのも、ベルクソンのときと同じく、ゲマインシャフト（田辺の訳でいう「共同社会」）とゲゼルシャフト（「利益社会」）、さらには本質意志（「自然意志」）と選択意志との単なる並置ではなく、相互の否定的な関わり合いだった。繰り返せば、本質意志とはなんとなく抱かれる漠たる意志のありようであり、選択意志とはそのような無自覚さを反省した折り目のついた意志のことだ。

「トェンニェスのいわゆる選択意志が、ただに自然意志の統制を脱して後者から自由になることを意味するに止まらず、逆に自然意志の限定を自己に奪って自己の支配に帰し、相反する両方向の動的統一を種の限定方向と正反対なる方向に決定することへの自由を意味しなければならぬ」（田辺元「社会存在の論理」）

難しいが臆することはない。「から」と「へ」に傍点が振ってある。要するに前者が本質意志、後者が選択意志をよく表す前置詞なのだ。

日高のもっとも有名な業績としてフロム『自由からの逃走』（Escape from Freedom）の翻訳があったことは既に記した。知識人が自由の重みに耐えきれないといわれるとき、そこでいわれている自由とは「からの自由」（freedom from）であり、拘束を受けないことや邪魔をされない消極的なものに留まる。自由に選択できる立場はストレスなのでここから逃げ出したい、というわけだ。

反対に、「への自由」（freedom to）は理性的自律的な思索のなかで能動的に進むべき方位を見出すような決定能力に関係する。生まれ育った村社会や家族のしがらみからただ漫然と解き放たれるのではなく、村や家族のなにが自分を支え、なにが制限を課していたのかを見極め、これを意識的に選別してよりたくましくなろうと欲する力への意志（「権力意志」）があって初めて個－種－類もその本来の姿を現わす。ここでは個人が個で、「共同社会」が種で、「利益社会」が類になる。

「権力意志」という言葉は元々ニーチェの用語で、田辺にとっては我意を押し通して新たなものを生み出そうとする個の衝動のようなものをいう。思い返してみれば、日高のベルクソン論文もやはりニーチェのルサンチマン理論を援用していた。それが説くところによれば、人類愛のような制限なき高潔な道徳心は、我意を折り曲げ精神性の勝負で勝ったと自認する負け惜しみにすぎなかった。開いた社会が閉じた魂によっても生じてしまうからくりである。田辺にとってそのような見せかけの開かれは抽象的に指定された類にすぎず、具体性をともなっていない。それを回復するものこそ自然状態から抜け出そうとする選択意志＝権力意志であるというわけだ。

田辺にしろフロムにしろ、from よりも to の自由のほうに有無をいわさぬ重みづけがある。逃げの一手よりも攻めの一手を評価する。のちにアイザィア・バーリンが同じことを「消極的自由」と「積極的自由」と言い換えるのだが、バーリンの場合は両者とは異なり、この二つが両立しえない価値観をそれぞれ備えており、積極的自由の一方的な重みづけにはリベラリズムで肝心な、他人に危害が及ばない限り放っておかれる権利を形骸化させる危険があると警告していた。

積極的自由は自分が自分の主人であろうとする意志と解せるが、そこでのチョイスには歴然とした正解不正解があり、不正解を選んだ者は理性の使い方を間違えた可哀想《かわいそう》な人に等しく、それを放っておくことは彼の自由を毀損することになるので、たとえ本人が嫌がったとしても強制力を発動して構わない。to にはそういう危うい理路が隠れているとバーリンはいうのだ。

現代によみがえる種の論理

いきなりサークル論とは無縁にみえる哲学論議を読まされて読者は辟易《へきえき》しているかもし

れない。が、「種の論理」は人々が思う以上に我々の時代精神と強く共鳴しているようにうつる。

たとえば、一九九〇年代から二〇〇〇年代にかけてセカイ系と呼ばれるフィクションの類型が流行《はや》ったことがあった。きみ（多くの場合は少女）とぼくのような個人的関係が、大きく飛躍して世界の存亡の危機やその成り立ちとリンクするといった筋立てだ。その特徴は、国家や企業、官僚的組織体といった社会の中間項を仲介せずに、個と普遍がダイレクトにつながるところにある。のちにセカイ系に対抗して「シャカイ系」という括りが誕生したが、これなどは極めて田辺的、つまりは媒介なき個も普遍もハリボテにすぎないという物語理解の直観が生きている。

田辺の直接の弟子だった唐木《からき》順三は、大正期を教養主義の時代として特徴づけたことでよく知られる。唐木にとって大正的教養は明治的修養の対のなかで理解されていた。すなわち、倣うべき師匠のもと礼儀作法も兼ね備えた知的カリキュラムがあらかじめ組まれている修養に対して、教養は各人の読書を通じて個性を成長させる、より解放された知的自由を約束していた。前者の代表が森鷗外だとすれば、後者は白樺《しらかば》派や芥川龍之介が当てはまる。別言すればこれは型の時代から型喪失の時代への移行を意味し、『現代史への試み』

附録にて田辺元が直接論じられているように、唐木のいう「型」とは「種の論理」に等しく、個人（特殊）と知（普遍）のあいだに型（種）を挟むかどうかが大きな時代区分として機能していたのだ。

唐木にとって昭和のマルクス主義（プロレタリア文学）の流行は、大正で廃れた型の復活に等しいものだったが、「シャカイ」であれ「マルクス主義」であれ、中間項になにを代入するかはその時代が求めるものによって相違する。そして、田辺を援用しながらここでいいたいのは、第一章で紹介したような集団のアイデンティティ・ポリティクスが現代の「種の論理」の最たるものなのではないか、ということだ。

属性の外はない

第一章でジェンダー・クオータ制、インターセクショナリティ、マイクロアグレッションなど、マジョリティとマイノリティのあいだにある権力の非対称性を可視化し矯正しようとする考え方、集団内でのマイノリティ性の認知や比率を高めようとする動きを紹介した。これらは田辺理論の忠実な再現であり当世風の実践であるようにみえる。

この種の政治にとって、自分または他者がどのような属性をもつのかを知ることが最優先事項に組み込まれる。ジェンダーの場合ならば、男性なのか女性なのか、またはより多様な性であるのか。人種ならば、白人なのか黒人なのか、少数民族のルーツをもつかどうか。まずはその的確な割り当てを把握し、その内容次第で次に求められる倫理的配慮の内実が変動してくる。この思考の圏域では、各人は赤裸の個人として独立することを許されず、いくつかのタイプに分割されるより上位の集団的な括りのもと捉えられねばならない。

　その上位の括りが人類のように大きすぎてはいけないのも見逃せない。人類概念の包摂性は、みな同じ人類の一員という認識を強化し、結局のところ誰にも差はないのだからと、赤裸の個人なる先入見を推進することに帰結する。属性の政治はみな同じという美名の欺瞞に巣くう偏差や権力的関係を標的にしている。森崎和江の父は一人のコスモポリタンとして娘を教育しようとしたが、それでは看過《スルー》される暴力がある。すべての人間を包摂しない程度の、ほどほどの大きさで括らなければならない。さらにいえば、その括りと形式上同資格のものが複数あって、互いにそれが拮抗《きっこう》する、融《と》け合わない緊張関係がなければならない。

　改めて指摘するまでもなく、ここで論じられているのは、個と類のあいだに必ず中間項を仲介せねばならないという「種の論理」である。

気づけば男ばかり

石田夏穂《かほ》の小説『黄金比の縁』は、ある会社の新卒採用の任を独自の評価基準のもと担当している女の話だ。もとは花形部署に配属されていたが、ある炎上事件の濡衣を着せられて人事部へと異動させられる。復讐を誓う彼女は、会社にとって有益でない人材を積極的に社員に推すことでこれが果たされるだろうと考える。最初に着目したのは「話し振り」で、それがあまり映えない新入社員ならば仕事のほうもぼんくらに違いないだろうとの目当てのもと臨むが、結果、男ばかりを推薦してしまう。つまりは、「話し振り」に好感をもてたのはことごとく同性だったのだ。

「元より私は性別にこだわらない人間だ。私は大いに悩んだ。もしかしたら私の五感は、男より女の話し振りを評価する傾向があるのかもしれない。さらに考えを進めると、それは単に私自身が女だからに過ぎない可能性がともするとあり、同性だと声の具合その他が自分に比較的近いため、無意識にせよより話が伝わるように感じる」（石田夏穂『黄金比の縁』）

自分の属性が客観中立にみえる評価基準に影響を与えているかもしれない。そのような疑惑のなか主人公は、最終的に顔の造形美（「黄金比」）という身も蓋もない身体的特徴を基準に採ってジェンダー比の調整、小規模のクオータ制に成功していく。その結末は小説本文に譲りたいが、強調しておきたいのは、現代社会ではこのような偏りがよく男性（選考者）が男性（被選考者）を選んでしまうというかたちで反復されて現れているということだ。

賞レースであれ、あるプロジェクトのメンバー選出であれ、男性たちは多くの場合に男性を選びがちだ。けれども、選考者に尋ねてみれば、強いて男に印づけているつもりはないと応えるだろう。しかもそれはかなり正直な感想であるに違いない。本人の意識では中立に選考に臨んでいるつもりでも、「五感」（身体的反応）のレヴェルで選好に偏りが生じうる。

田辺によれば、個人が自由な選択・選考に臨むには「種の限定に制限せられず、かえって逆にこれを媒介として行われ」なければならない。種に限定されてはいけないものの、かといって種と無縁に選べばいいというわけではない。種を無視した個の自由は、その無自覚さによって逆に種の圏域に捕縛されてしまう。それぐらい種の支配は強く、徹底的である。ならば、意識的にこれと向き合い、いかに自分が種に縛られていたか思い知ること、つまりは「媒介」を経て初めて自由選択が期待できる。「個の自由意志は種を奪取して、種の限定を逆転し、これを自己の統轄に帰して、自己実現の媒介とする所に成立する」。

男性選考者が、強いて男性を選んでいるわけではない、と応えるとき。また、こういうことに男も女もない、と抗弁するとき。彼らは田辺のいう「種の限定」のなかで飼い慣らされている。強力な制約があるのにそれを自覚できず、ただ自然（身体的反応）が命じるままにそれを自分の意志と誤認している。種（性別）を中継せず個人と人類のダイレクトな結びつきを妄信するとき、逆に種の専制がはじまっているわけだ（気づけば男ばかり！）。

ものの考え方の基本単位を個人に認める近代リベラリズムに対して、フェミニズムがしばしば目の敵にするのも専制の臭いを敏感に嗅ぎとるからにほかならない。これを克服するには、種によって相互に媒介されている現実を自覚し、自らこれを自身のコントロール下に置くことで、専制を食い止め、さらには真に自律した個を獲得せねばならない。種を奪取し逆転する。その基底の上で初めてお題目ではない人類の平等が語られるだろう。

ジェンダー・クオータ制の理説は、まぎれもなく「種の論理」の正統な後継者である。

普通で／にあることの罪悪

田辺は『二源泉』を批判した。その要諦は、対立や相克といったこわばりをなめらかに融かしてしまう流動的思想への不満にあった。せっかくの対立が、ぬるりとなかったことにされているかのようだ。これに関連して田辺は愛による開放を楽天的に説く『二源泉』には「罪悪」の契機がないという重要な指摘をしている。宗教的にいえば罪、道徳的にいえば悪の問題である。

田辺によれば「罪悪」とは特定の責任を果たさず社会生活の存続を危ぶませるという点で、友であった者が敵に反転してしまう可能性の自覚によって生じる。つまりは、「罪悪」は「閉じた社会」の産物であり、「純粋に開いた社会の愛における創造の喜には罪悪ということは無い筈《はず》」である。愛の無差別性は敵への愛を当然ふくみ、だからこそ、すべての「罪悪」が赦《ゆる》される定めにある。

が、もし赦されることが既定路線の、自動運動《オートマティスム》で処理される罪悪があるとしたら、それは罪悪の名にふさわしいといえるだろうか。言い換えれば、開いた社会の愛の奇跡は閉じた社会の狭い慣習に縛られ、否定的に媒介されて初めてその本領を発揮するのではないか。

「この罪悪を媒介とせざる愛は具体性なき直接態に止まり、美なるも脆《もろ》き感傷に外《ほか》ならない」。愛の絵空事を唱えるのは誰にでもできるが、もっと難しく、だからこそ感動的なのは赦せないものを赦そうとする困難な愛だ。この儀式のもとで、与えられた自由をほしいままにする個人から罪悪の自覚のもと自己否定を行える個人への移行が約束される。田辺が後者をより評価していることはもはやいわずもがな。愛が無条件に降り注ぐのではなく、愛（赦し）を受け取るにふさわしい自分になれるよう厳しい鍛錬を怠ってはならない。

この罪悪の問題は田辺にとって、やがて戦後に自らの立ち位置を大きく転回させた（ともいわれる）『懺悔道《ざんげどう》としての哲学』へと結ばれるが、ともあれ、このような論点も集団のアイデンティティ・ポリティクスにはよくみられる光景だ。

たとえば女性差別であれば、その原因であるマジョリティ男性の徹底反省の必要を説く批評家の杉田俊介は、マジョリティ（多数派＝強者）のマジョリティたる所以は「ただ単に存在している」ことにあるという。悪意は勿論、幸福感や社会的ステータスの有無にあるのではない。マイノリティ（少数派＝弱者）は日々の生活のなかで自分のマイノリティ性に直面する。女性ならば街頭で男に体をぶつけられても知らん顔されたり、見栄えの評価を恐れて化粧しないで外出することに億劫《おっくう》を感じたりするだろう。障碍者ならばちょっとした段差による車椅子での通行しにくさにやきもきするかもしれない。外国人ならば日本語のみの標識ばかりで途方に暮れるかもしれない。そのような不快や不便から免除されている時点でそれは「特権」である。「自覚し、意識しなくても、生活を送れるのです。そのこと自体が最大の特権であり、優位性なのです」。同じことは、足を踏んでいる者には足を踏まれている者の痛みが分からない（しかも彼らには足を踏んでいる自覚がない）、という定型句のもと性別や人種に関する差別論で繰り返し唱えられる。

これは要するに、自然のままあること――普通にあること、普通であること――を種への無自覚な埋没として描き出し、これへの否定的媒介、罪悪感によって赦しの可能性に賭けうる主体への階梯《かいてい》を弁証法的に評価した田辺のベルクソン批判の踏襲であるようにみえる。ノーマルであるとは、自分は馬鹿ですという看板をぶらさげて歩いているようなものだ。

リベラリズムの観点からいえば、個人の改悛《かいしゅん》や反省の情などどうでもよく、ただ単に制度的・環境的な改善のもと俎上に載った不快や不便を緩和したり取り除いたりすることに努めればよいと考えるかもしれない。が、杉田を筆頭に、自己の強者性への自覚を促す倫理的言説が待ち望むのは、環境の客観的整備である以上に、自覚を介したより強靭な個の出来にある。このような理路は既に田辺によって先取りされている。

「種の論理」を批判するために

現代知識人の眼には今日の「種の論理」はよりいっそう洗練された認識的・倫理的枠組みのようにうつり、これを批判する必要をまず認めないだろう。

けれども集団のアイデンティティ・ポリティクスがもし田辺元とのリンクを断っていないのならば、かつて田辺哲学に感じられた危うさが現代に密輸入されているのかもしれないと疑う余地は十二分にある。結論を先取りしておけば、日高や鶴見のサークル論は「種の論理」を批判すること、絶対弁証法を相対化するために必要な言説であったと捉え直すことができる。

田辺のどこが危ういのか。第一に、本書で確認したインターセクショナリティ概念から眺めたとき、一つの個の複数の種への帰属、その重合で生じるかもしれない衝突がどう処理されるのか、されるべきなのかが判然としない。「社会存在の論理」では「国家といい民族といい階級といい、いずれも人類の全と個人の個に対し、種の位置に立つもの」とあり、この時点では階級も種になりうると考えていたようだ——別の論考では家族や部族の例も挙がっている——。

だとすれば、たとえば荒木（個）と人類（類）を結ぶとき、荒木－日本人－人類と同時に荒木－フリーター－人類という二つのルートがある、いや、厳密にいえばもっと多くのルートがあるはずなのだが、とまれ、そこでの複数の自覚、複数の否定的媒介とそれが促すだろう行動はなんの躓《つまず》きもなく相互に両立可能な状態になるのだろうか。資本主義がならいとなったアメリカ人としての自覚をもとうとする者が、貧困な家庭で育ったプロレタリアートとしての自覚と衝突し、どちらかを選ぼうとしても上手く選べない、といった難局がごく普通に待ち構えているのではないか。

そもそも、種を一つ二つとカウントできる明確な単位性のもとに扱う前提にも疑問をもたないではない。田辺自身、どの民族もほかの民族と混淆《こんこう》していることを認めてはいるが、論理的概念としては問題ないと落ち着いてしまう。人種に限ってみても、ハーフやクォーターとも呼ばれる混血者たちは、複数の単位性、複数の種へと重合的に帰属しているとみるべきか、はたまた「ハーフ」や「クォーター」という独立した単位を形成する単一の種に帰属していると読むべきか。またその資格は2分の1や4分の1以外にも広がるのだろうか。8分の1や16分の1を混血から排除せねばならない積極的な理由とはなにか。

これは辿りやすいかたちで確認できる混血者たちだけの問題に限定されない。今日、遺伝子検査の技術的進歩とその簡易化によって、誰もが自分の祖先の民族構成を科学的に（?・）把握できるようになった。自分のなかに眠っていた数パーセントの異邦の血、異種を発見してしまう機会はもはや夢想でもなんでもない。

「個人がなし得る所は種族の為に死ぬ事である」

最後に、これらと関連して戦中期の田辺が多くの学生を特攻隊員として戦地に送ったといわれる『歴史的現実』（一九四〇年）の著者であったことは看過できない。この著作は一九三九年の五月から六月にかけて京都帝国大学で行った全六回の講義の記録で、四三年には学徒動員が行われる。

かつては階級や家族を主要な種のなかに数えていた田辺だが、戦争が拡大するにつれ、ナチス・ドイツ的な「Blut und Boden」（血と土）の強調とともにその典型は民族と国家に奪われ――あたかも複数の種のあいだで生じてしまう決定不可能性の難問を回避するかのごとく?――、ついには御国《おくに》のための死を正当化するかのように「種の論理」が援用されることになる。

「個人は種族を媒介にしてその中に死ぬ事によつて却《かえつ》て生きる。その限り個人がなし得る所は種族の為に死ぬ事である。我々が何も為す事は出来ないといつて働かないのは、謙遜のやうで実は傲慢である。何も出来ないなら種族の動く如《ごと》く動いたらよい。さうすると却て種族は個人を生かさねばならないものであるから、——もと〳〵種は種だけでは足りず、個人が自己に協力する事を必要とするものであるから——自己をも向ふをも生かす事が出来るのである。国家の中に死ぬべく入る時、豈図《あにはか》らんやこちらの協力が必要とされ、そこに自由の生命が復《かえ》つてくる」(田辺元『歴史的現実』)

基本的に同じことをいっている。パラフレーズしてみよう。ただ客観中立に判断しているだけでそれ以上にできることはない、と男性選考者が発話するのは「謙遜」ではなく種への自覚を欠いた「傲慢」である。罪悪の反省をともなう否定的媒介を経て、普通なるものに胡坐《あぐら》をかいた軟弱な個に「死」を与えることで、むしろ人類史的使命と相即する本当の「自由の生命」が還ってくるのだ。

いうまでもなくうなずけるはずがない。けれども論法自体は、多くの識者が賛意を示すに違いない数ページ前のそれと依然として重なりつづけているのだ。なぜこのようなことになってしまったのか。田辺が実はサディスティックな人格の持ち主だったからだろうか。

或いは、戦時の不自由な雰囲気を背景にした已《や》むにやまれぬ妥協だったのだろうか。いずれにせよ、「種の論理」に諸手《もろて》を挙げて賛成することは、少しばかり先延ばしにするのが吉とみえる。

終章　楕円《だえん》のほうへ

期待と回想

鶴見俊輔の自伝的著作に『期待と回想』という名の一書がある。七五歳を迎える鶴見に少年時代の思い出や『思想の科学』編集作業の過程で経験したあれやこれやについて聞き取ったインタビューの記録である。その題名は、アメリカの人類学者、ロバート・レッドフィールドの *The Little Community* でなされた議論に由来している。

鶴見による書評「記述の理論」（一九五五年）によれば、小さな共同体の歴史的分析に着手したレッドフィールドの本には七つの重要な概念が登場する。そのなかの一つ、「共通リレキ」は、小共同体の伝記を書こうとするとき、その社会における典型的人物を主人公にすることで代用が効くというものだ。加えて個人を焦点化するために「プロスペクティヴな次元があつかわれる」という。つまり、「歴史的記述方法は力点をリトロスペクティヴな次元におくが、そのことによってもれてしまうところのプロスペクティヴな次元の諸問題を、伝記的記述方法はあますことなくとらえようとする」。

歴史というものは、そのへんに無造作に転がっているわけではない。書こうと思って書かなければ誕生しない。だからこそ、その書く姿勢いかんで歴史のかたちは大きく変わる。ここでは特に、どの時点から歴史を眺めるかによって、その強調点や輪郭が変わってくる、そこに分岐点がある。すなわち、回想《リトロスペクティヴ》的と期待《プロスペクティヴ》的だ。

どういうことかといえば、歴史の回想的次元において、現在の地点からもう終わった過去を眺めて冷静に判断することができる。評価基準は既に定まり、蒙昧《もうまい》故に生まれた数々の失敗や悪を断罪することもできる。対して期待的次元では、当時その人がどういう展望をもっていたのか、現在の価値判断を挟まずに記述しようとする。その後実際どうなるかを知らない限界を矯《た》めずに表現しようとする。現在からみれば非常識であっても、その瞬間を切り取って眺めれば合理的というしかない考え方や行動原理がままある。そしてそれは未来について確たる知をもたない現在の我々の似姿でもある。

現在からみた過去と過去からみた未来との並立と往還、やはり伝記的方法を採った『共

同研究　転向』の編集方針がその姿勢を強く取り入れていたことはもはや多言するまでもないだろう。

これが第七章で読み解いた、共同体と時間経過でできる他者としての自己とのコミュニケーションの応用であることもいまや見やすいはずだ。自我は時間と共同体の二重の変数を被って変化していく。その幅は、回想的自己と期待的自己のギャップとして現れ、どちらか一方に優位を置けない優柔不断のなかで反省という名のコミュニケーションに具体的な内実を与える。

花田清輝の楕円幻想

この状態を批評家の花田清輝の言葉を借りて、「楕円幻想」と仮称してみてもいいかもしれない。

花田は一九四六年に評論集『復興期の精神』を刊行する。戦時下のアクチュアリティとはほど遠いルネッサンス期の才人らの再解釈に軽妙な文体で臨んだ本書は、しかしそのパフォーマンス自体が大きな批評的意義を帯びることになる。著作全体を代表する所収作「楕円幻想」は、フランスの詩人であるフランソワ・ヴィヨンに注目しながら、逡巡《しゅんじゅん》の精神を楕円のかたちに見立てる。真円は確固たる中心点が存在せねばならず、任意の一点からコンパスをぐるりと一回転してやればお望みの図形が手に入る。対して楕円には中心点が二つあり、二点をピン止めしそこに糸の輪をかけた状態で鉛筆を一周走らせてやってやっと歪んだ円ができる。

唯一の中心で統べられた真円は古代ギリシャにおいて完璧なものの象徴であったが、所詮は天上界への憧れを捨てきれない理想家の戯言《ざれごと》にすぎない。異なる時代に引き裂かれたルネッサンス人、さらには二〇世紀以降を生きる我々にとって、楕円のほうがよっぽど美しく実際的な形象なのではないか、と花田は問いかける。

楕円の精神は「ブリダンの驢馬《ろば》」にも喩えられる。哲学者のブリダンが案出した、同じ距離の先にある同じ干草のどちらかを食べようか迷ったすえ餓死してしまう驢馬の寓話《ぐうわ》だ。実際の驢馬はそんな瑣事に頭を悩ませることなく草をはむが、人間は立ち往生する、いや、人間こそが立ち往生できる。

「楕円が楕円である限り、それは、醒《さ》めながら眠り、眠りながら醒め、泣きながら笑い、笑いながら泣き、信じながら疑い、疑いながら信ずることを意味する。これが曖昧であり、なにか有り得べからざるもののように思われ、しかも、みにくい印象を君にあたえるとすれば、それは君が、いまもなお、円の亡霊に憑《つ》かれているためであろう」（花田清輝『復興期の精神』）

円の亡霊に憑かれた者とは誰か。聖典に従えば理想の社会ができあがるのだと信じるマルクス主義者たちであり、御国に奉仕せねば我らに未来はないと恫喝《どうかつ》する国粋主義者たちであり、不真面目を許さず真面目一徹以外に誠実の座を認めようとしない社会の風紀委員連中である。

同心円状の時間

鶴見の回想によれば、『八犬伝』に関する花田の講演を聞きにいったのが出会いの最初で、そのあとで『復興期の精神』も買って読んでみたが当時は分からなかったという。その後、久野収との共著『現代日本の思想』が花田によって繰り返し批判されたことをきっかけに次第に理解と敬意が深まっていったようだ。

花田は当時のサークル運動に関しては指導者の重要性を訴え、鶴見と同じ意見に収まっていたわけではない。にも拘らず、パースに由来する鶴見の自我論を楕円の形象で描き出す作業は決して不自然な印象を与えないはずだ。なぜならば、鶴見にとって個人の主体性とは、回想的自己と期待的自己のような時間のなかの二つの中心点からなるものであり、これを支える共同体もまた円は円でも楕円の歪みをともなう完璧ではない円《サークル》であったからだ。

ここで注目したいのは、田辺の『歴史的現実』が、西田幾多郎の時間論をたぶんに意識しながら、歴史的時間を説明するときに「円環」の比喩を用いていたということだ。一見、時間は因果関係に沿って直線的に流れているようにみえる。けれども、時間とは人間主体あって初めて活かされるものであり、既に起きてしまった過去の累積のもと制約される自らの状況をよく識別し、その上でどんな希望をもってその実現に努めるかに「現実」の重みがある。過去と未来の積極的摂取は現在時を「円環」状にかたどっていく（一八八頁の図、右）。ただし、これでは時は一箇所に留まり、経過性が表現できない。だから、「円環が円環を包んで重なつて行く所に時が考へられる」。いわゆる「つつみこみ学風」である。時間が因果関係だと誤解されるのは円の半径を横断してつなぐ見方をしているためだ。

田辺はこの現在－過去－未来の関係さえも、「種の論理」で説明できると考えている。つまり、現在（個）はなんの拘束もなく未来（類）に向かえるのではなく、特有の過去（種）に拘束されている。ただし、これを自覚的に捉えることで否定的媒介の力みなぎり、

田辺元『歴史的現実』p.17

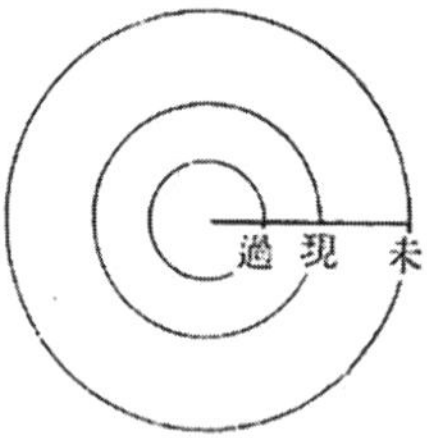

田辺元『歴史的現実』p.34

三者を一気にアップデートさせることができる。もう慣れた話運びだろう。

　けれども、上の図の左側でも明らかなように、その「円環」は真円のかたちを保ったまま同心円状に大きくなっている。なぜかといえば、個の能動性に呼応するかたちで種の線と類の線の二つが周回運動して一つになるからだ。過去と未来がなんの葛藤も起こさないかのごとく現在の輪郭をかたちづくることに貢献している。検討すべきは、この綺麗な融け込みにこそ個の自律を脅かす転倒があったのではないかという疑問だ。

　円の比喩はつづく。田辺は「無限に大きな半径をもつた円」を思い浮かべてみよと呼びかける。無限に大きな円は必然的に有限な円のすべてを包摂する。ある円が別の円を包んだり包まれたりしているが、無限からみればすべてが重なり合っている。そして、無限のなかに打たれた点はどこであれ円の中心になることができる。円の半径は無限なのだから。「円の中のあらゆる点が中心であり、それが我々の自己である」。

なんのことを述べているかといえば、無限の円の比喩で時間そのものの姿、歴史の理念的なかたちをかたどっているのである。モデルとして捉えられた未来といってもいいのかもしれない。形容矛盾ではあるが絶対的に開かれた円（時間そのもの）は、どんな自己にも居場所を与え、しかもそれが中心となる舞台を必ず用意するのである。

ただし、この見立てのなかでは時間のなかの自己と自己が緊張しながら関係するという事態が想定されていない。包み込むものと包み込まれるものが対立しない。同じことであるが、中心であることを約束された所与の点には分裂してしまうかもしれないという怖《おそ》れがない。ということは、ここには円の亡霊が棲みついているのではないか。

田辺理論の否定をしているのではない。具体性を欠く抽象極まりない類にその内実を吹き込むのが個と種の相互媒介であるなら、個と種はともに緊張関係をもつ二つの中心点として楕円を描くべきだったのではないか、という「種の論理」に忠実であろうとするための修正案である。逆にいえば、楕円を醜く感じる円の亡霊に憑かれてしまうとき、一つの中心点しかもたない真円の拡大という表現が不覚にも与えられてしまう、と。楕円は二点間の距離が短ければ短いほど真円に近づく。個と種を弁別する距離が確保できなければ、楕円精神は亡霊に席を譲ってしまう。

円が開かれているか閉ざされているかよりも、円がちゃんと歪んでいるかどうかの話をしなくてはならない。

実体概念ではなく仮説的・方法的概念として

種を媒介項として位置づけた田辺は、しかし戦中期において媒介項のための死を正当化する本末転倒に及んでいた。そもそも個人が積極的自由を獲得するために種への媒介が要請されたというのに、特攻の正当化は個の物理的な消滅にしか帰結しないだろう。そこで得られるという「自由の生命」はレトリックでしかなく、田辺がよく使う語彙をまねれば、はなはだ観念的な「自由」でしかない、と感じられる。個が種を自覚的にコントロールしていると高をくくりながらも、いつの間にか種に使役されてしまう急所はどこで生じるのか。

田辺は一九三五年の「種の論理と世界図式」のなかで、「種は絶対媒介の立場では、あくまで媒介の否定契機に止まらなければならないのに、それ自ら実在化せられて、独立なる実体となる結果、それに否定的に対立するものとしての個の独立なる主体性を滅却する」と注意を促していた。あとのページでは「私の考える種の基体は、あくまで否定的契機であって、独立自存する物質の如き実体ではない」と明言されてもいる。「種の論理」において、個にとっての種はあくまで機能的なものであり実体をもつ必要がない。というよりも、むしろ実体化は個の独立を妨げてしまう大きな蹉跌をふくんでいた。種があることが重要なのではなく、個にとって種がどうあるのかが肝心であり、これを忘れた瞬間、個の種への滅私奉公が自明視され第一点と第二点の距離は限りなく近くなっていく。

これを防ぐには、種概念を物質や血統のような盤石ななにかに基礎づけられた実体概念として運用するのではなく、使用者の意図や目的によってその強調点や切り抜き方を変え、それ故にこそ他者とのコミュニケーションでミスを誘い、ために修正可能性にも開かれた仮説的・方法的概念として用いることが求められるはずだ。

逆立の弁証法

ここまできてやっと鶴見のサークル論が光ってくる。試しに「種の論理」と逆立の三項

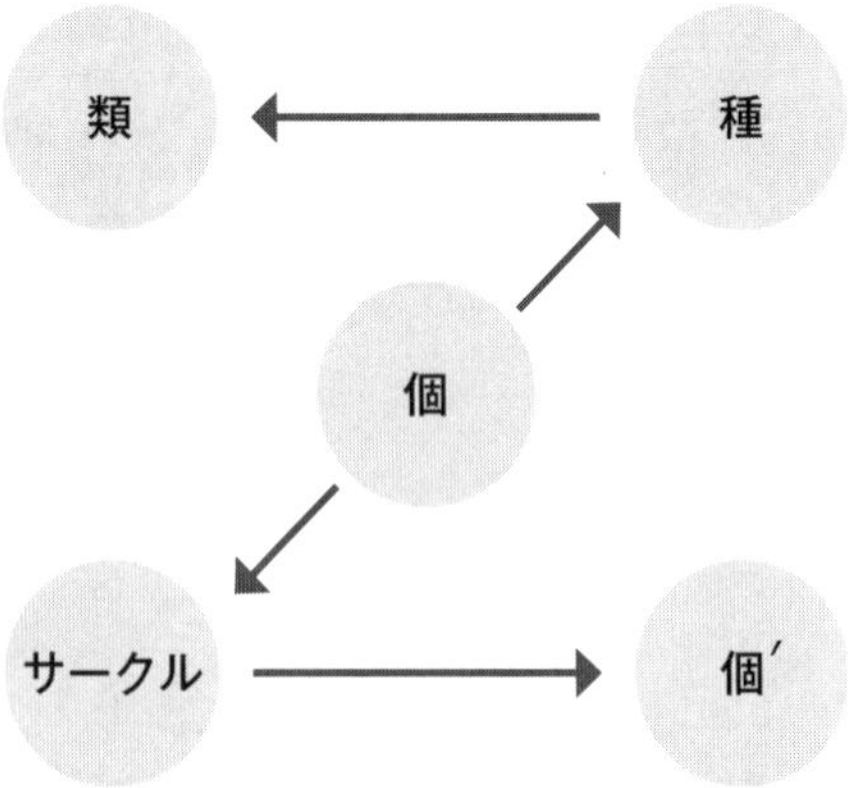

関係をサークル論にも拵《こしら》えてみよう。Z状のものができた（上の図）。個は類への直接的な連絡線をもてず常に種を仲介せねばならなかった。同じく、サークルに参加する個人は時間的な自己＝他者（図でいう点付の個）とコミュニケーションするために、自然発生的で統制を受けておらず、閉ざされているがため失敗と訂正に寛容なサークルへの帰属が求められる。

　個は種に向かわねばならない。ただ、ややもするとその接近は両項の距離を壊し、種との同一化にともない、ならばと類の理念も維持できず、すべてが一点に集約される真円の世界につづめられてしまう。これでは弁証法が停止してしまう。そうではなく個と種のあいだに楕円をつくりたいのならば、サークルを介した自己＝他者がよき手本となる。個と点付の個のあいだに生まれる楕円がそうであるように、個と種においても個自らが歩んだ時間感覚を忘れないようにしなくてはならない。

注意してほしいのは、個が種を目指して距離を縮めようとするとサークルは反対のベクトルのもとこれを引っ張る重石となるということだ。時間の錨《いかり》になるということだ。個は種と近づきすぎてはいけない。ましてや一体化など言語道断。このとき脱政治的で、しばしば属性的に偏りつつもだからこそ親しみでつながる小集団は、個と種が適切な距離を保てるように、一体化への直行運動に逡巡や後退《あとずさ》りの鈍さを吹き込む。時間における複数の自己＝他者という小さいけれども実感のこもった後ろ盾のもとで綱引きする。

絶対弁証法を逆立の弁証法で中和するとき、言い換えれば種の毒を小集団の毒でもって制するとき、サークルイズムはずっとアクチュアルな意味を帯びて還ってくるだろう。有害な小集団の善用、薬としての使用とはすなわちこれである。

種は解釈されなければならない

「種の論理」は、田辺自身による再三の注意にも拘らず、実体概念として運用されてしまっているようにみえた。これを取り上げ言語化し他人に訴えかける使用者がおらずとも、それ自体で存続するなにかという信憑に拠《よ》りかかっているようにみえた。仮説的・方法的概念とは、そうではなく、使用者の解釈と特有の文脈のもとでその意味するところが相違してしまう前提を認めるということだ。鶴見には「方法としてのアナキズム」という名高い評論があり、先行する同じ命名法に竹内好の「方法としてのアジア」があったわけだが、そこでいわれていた「アジア」や「アナキズム」とは、既に定義が確定した用語というより訂正可能性の余地をもちつつも新たな理論構築のためにあえて挿入してみる仮説的概念であった。

現代リベラリズムの論陣を張る井上達夫は、同じことをロールズとサンデルという政治哲学者同士の論争のなかで考えた。正義の普遍的理論を唱えるロールズに対して、サンデルは正義を担うべき個々人はそれぞれ相異なる共同体に位置づけられた自己をもっており、その前提を欠いた理論は空転すると批判した。ロールズには種がない。正しい。ただ、ならばそこでいう共同体とはなんなのかと井上は切って返す。というのも、「私の個人史や、それが織り込まれる私の共同体の歴史は、単に「そこにある」わけではない。かかる歴史の中の、私の性格形成の核になる部分でさえ、私によって既に解釈されたものである」からだ。

自明ではないアイデンティティを自ら探し求め物語化してみる主体を井上は「自己解釈的存在」と名づけるが、自己解釈的存在は自分の解釈を他人にも呑んでもらいたい願望をもつものの、それが必ずしも果たされるとは限らない。荒木を日本人として読むかフリーターとして読むかは、読み手が抱くそのときの関心のありかによって相違し、仮に日本人として読むことに同意がとれたとしても、そこで強調される「日本人」とは、長いこと経済成長しない国に生まれ育った「日本人」なのか、それとも在日朝鮮人と比較したときの「日本人」なのか、再びすれ違いが生じるに違いない。重要なのは解釈が正しいかどうかではなく、どんなに誠実に臨んでも自然と枝分かれしていってしまう解釈拡散の事実である。自己解釈的存在のリベラリズムは、この状態を当然のことと認め、他者との「会話」を通じてその違いを愉しめる点に最低限の連帯を求める。

サークルとはここでいう「会話」を促す共同の場所である。サークルでは複数の自己が発見される。と同時に、その幅のある自我像の表現自体がパフォーマティヴな効果をともなって他者のなかに眠る自己の複数性を刺激する。種はただあるのではなく、一致するかどうか定かではない解釈の渦のなかで揺れ動いている。

もし違いがあるとしたら、自己解釈的存在にとっては中核的帰属の内実が宙づりにされるが、サークルイズムではそれよりさらに、より多数の朧気《おぼろげ》な帰属の発見を促すかもしれないという点にある。自己と自己（点付の個）の楕円は、サークルの種類と時間の取り方によってもっとたくさん描くことができる。「種の論理」がこれに倣うのならば、自他ともに類に至るための複数のルートが暗示されることになるだろう。一つの属性、一つの種の帰属が無視されれば自分がなくなってしまうと怖れる連中に、もっといろいろな自分がいるはずだと変化の実績でもって語りかける。言葉ではなく態度で語る。

いささか挑発的にいえば、サークルイズムは自分の属性を無効化されたという訴えに対して、それも大切だけどほかにも大事なことがあるよね、と言外で返すマイクロアグレッションを肯定するのである。

解釈共異体

解釈が割れ収束されなかったとき、文学理論では「解釈共同体」の発想に頼るのがならいである。スタンリー・フィッシュという学者が『このクラスにテクストはありますか』なる著書で提出した。

そのタイトルは、新学期、フィッシュの同僚の教員のところに一人の学生がやってきて

「このクラスにテクストはありますか」と尋ねたことに由来する。教員は、教科書のことを聞かれているのだと思って指定の文献を紹介したが、学生の質問内容は実はそういうことではなく、「このクラスでは詩とかそういうものを信じるのか、それとも私たちだけを信じるのか」という一種の哲学論議のふっかけだった。

フィッシュはこれを意味の非決定性の寓話として読むべきではないという。なぜなら、学校という制度や慣習が命じる二つの決定的な解釈（教科書か哲学か）の選択肢自体は盤石だからだ。いかようにも読める、わけではない。この縮減装置、選択肢をあらかじめ絞っておくフィルタリング効果をフィッシュは「解釈共同体」と呼んだ。この小話では学校空間や新学期といった状況が可能なる解釈を絞る。そして、さらに踏み込めば教科書の解釈のほうが強いと考えられる。教科書と哲学のどちらも理解できる読み手を想定することはできるが、教科書を理解できないのに哲学を理解する読み手を想像することは難しいからだ。なので教員は正しい反応をしているといえる。

自己解釈的存在者たちのサークルは、この議論を解釈共異体とでも新たに名づけるべき方向で逆から読む。教員はコミュニケーションに時間をかけることで自分のとは異なる選択肢を最終的に学習できた。優先度が低いのだとしてもそのようなチョイスを採る存在がいると知ることができた。この積み重ねは、どんなに盤石にみえるものも他者の参入によっていつもずれていってしまうという、より大きな態度を育てるだろう。自己解釈においても同様だ。ルートが違うこと、違えることをなんとなく共有する。

そもそも同一性とは、完全なる同一性には確認すらされない矛盾を抱えたものだ。アレとコレが同じであるといえるためには、アレとコレとが区別できなくてはならず、さらにそれを共有できる他人に示してやる必要が生じなければわざわざ確かめられはしない。作動としての共同体を支えているのは、共異体とでもいうべき、あわいやにじみのような同居する違いであるはずだ。

共異は脅威で、だからこそ驚異的なもの足りえる。サークルとは案外、哲学の場所だったのかもしれない。古典的にいえば哲学とは驚異驚嘆《タウマゼイン》の念からはじまるのだから。

集まり方の心構え（参加者サイド）

ずいぶんと小難しいことを述べてきたかもしれないが、いままで学んできたことをずっと身近な教訓のかたちで書き改めることもできる。

出発点は姫野カオルコ『彼女は頭が悪いから』で描かれたような、複数の種類の差異の線が走る小集団内の厄介な均しにくさ、偏りだった。

政治学ではその集団を私的空間か公的空間かによって扱いを変えるのが常であるが、私的と公的をどう分割するのかの議論は紛糾を極め、プラグマティックに用いることができない。ここでは参加する者たちの主観にとって有用と思える注意点を列挙するという方法を採ってみたい。

まず大前提として、偏りすべてを除去できると思わないほうがいい。勿論、上からの介入によってある属性での統制、たとえば男女比の均衡にはそれなりに成功するかもしれない。ただ、これに成功しても別の属性での偏り、似た者同士と仲間外れが再び集団を引き裂くだろう。これは人々が複数の属性を併せ持ちながら生活しているという当たり前の現実によって簡単に予見できることだ。

そもそも、上からの介入に関しても本来はかなり慎重を要することは確認しておかねばならない。というのも、偏りを排した共同体の理想的な設計は、自然発生的で閉ざされたサークルだからこそ生まれうるオープン・マインドと逆行しており、サークルならではのよさ（と我々が認識しているもの）を相殺してしまう可能性が高いからだ。

いうまでもなく、その閉鎖性はホモソーシャルと結びつきハラスメントの温床になりかねない。にも拘らず、毒を薬として使うということは薬が毒へと転化してしまう可能性をどこまでも捨て去ることができない。サークルの参加者はその警戒のなかで小集団と取り組むことが求められる。必要最低限の自主判断はついて回る。

たとえば、集団のある歪みが、自分にとって耐えがたい、それを正すための労力を支払ってまで関与したいと思わないのならば、そこから離脱するべきだし、離脱が困難なところはそれだけで危険であると認識したほうがよい。サークルは結成しやすいのと同時に解散しやすく、そこに長所と短所の両方が認められたが、その特徴を失ってまで参加せねばならないようなものではない。所詮はサークルである。かくいう態度が認められない場合は、表面的な歪みよりもずっと根深いところに難点を抱えているといわざるをえない。

また、楕円の思想を参照してよければ、サークルの中心人物、リーダーが一人である場合にも注意が必要だ。彼がどんなに好人物だったとしても、中心が一つしかないという時点でいくぶんか危うさがある。リーダーの意見に対して常に異見が提出されているかどうか、それでも険悪な雰囲気にならないでいられるかどうかは、その空間の居心地のよさを見定める上でも直接参考になってくるポイントだろう。

集まり方の心構え（主催者サイド）

自分にとって心地よい場所が見当たらず、散りやすくつどいやすいのがサークルの常ならば、自ら集団を興すべく働きかけてみるのも悪くない。同好の士への呼びかけは現代ではSNSの一般化によって前時代よりもずっと容易になった。テーマ設定とアピール次第では、月に一回、貸会議室に集まって定期的に読書会やお喋《しゃべ》り会を開く慣習をつくることは決して難しくないだろう。最初は固定されたメンバー、常連しか集まらないだろうが、オープンな会を重ねていくにつれて参加者も増えヴァラエティに富んでいくはずだ。

ただし、どんなに参加のハードルを下げたとしても、核心のところでは似た者同士しか集まらない点は肝に銘じておくべきだ。言い換えれば、集団全体がどうしたってある方向に偏ってしまい、潜在的には別種の他者を排除してしまう。それがただちに悪いわけではない。というより、意図して興した新規の小集団はどれもそういう歪みを抱えることになるだろう。問題があるとすれば、それが自覚できていないこと、「種の論理」に統べられているのにそれが自然で、そこで提出される意見や行動様式が普遍的だと過信してしまうところにある。

歯がゆさから、そこで生じる歪みをいち早く矯正したいと思うかもしれない。が、これは拙速には解消されず、似ているけれども少し違う人々の受け入れを繰り返すことに並行して、自分自身が同じだけども少し違う自分になることによって過程的に達成される。おそらくは交差する小さな違いを落穂拾いのように拾い集めていくことでしか別種の他者と対話しうる境地には立てない。そして、その過程を支えるには、閉ざされていて虚心坦懐《きょしんたんかい》を許す逆説的空間が不可欠である。原則としてなにごとも強制がよくないことはいうまでもない。

ぜひ、似ているけれども少し違う人々と自分とが楕円の関係をつくれているかどうかを気にしてみてほしい。それは「似ているけれども少し違う」の、違うの部分にアクセントを置くことであり、そのずれを重ねる習慣はまったく別種の他者にとっても親しみある雰囲気づくりに貢献していくだろう。勿論、だんだんとではあるが。

これは、集団の偏りを正常化しなければならない、属性のバランス調整をしなければならないといったお題目としての目的性に限定されない。なによりも、自分自身が複数的な存在であり、アイデンティティ・ポリティクスが命じるこわばりから逃れて、なおかつ敵と友を分けるのとは別の仕方で政治を諦めない基礎的なレッスンに等しい。

なぜわざわざそんなことをしなければならないのか、と疑問に思うかもしれない。その問いには、レッスンを積んだ状態のほうがそうでないよりもだいたいは楽しいから、と簡単に答えることにしよう。

旅はまだはじまっていない

以上は、しかし所詮はいくつかの文献読解から導き出された机上の論にすぎず、サークル活動において実践の結果いかんが具体的な試金石とされねばならないことはいうまでもない。ここまで書いてきたのはちょっとした旅のしおりのようなもので、旅はまだはじまっていない。

いまの時代、自分とは違う連中と言葉や行動をともにすることは難しく、気づかないうちに差別やデリケートな部分に触れてしまうことがままある。それが他人からみて赦せないのは勿論であるが、なによりも自分自身が赦せず、その中身に関してもしくじってしまった自分の不徳が赦せないのか赦せない他人が赦せないのか整理できないまま、自己の全否定によって釣り合いがとれると早合点するかもしれない。けれども、そういう短絡を真に改めるには、或いは改めようと試みるには、自己内対話のなかで反発したり部分的に納得したりして実＝身のある反省（観念的な反省ではなく！）を経なければならず、その営為を支えるためにこそ「有害な小集団」が求められる。
本書がこれからのなにか小さな実践のヒントになれば幸いである。

あとがき

本書は『すばる』二〇二一年一月号に発表された「円を歪ませるもの——鶴見俊輔とサークルの思想」を大幅に加筆修正したものである。序章、第一章、第二章、第四章、第八章、終章は書き下ろしに近い。

本書を執筆する上で、もっとも難儀だったのは新型コロナウイルス感染症の流行である。いまこれを書いている時点では多少の落ち着きを見せてはいるが、未知の感染症もふくめて今後どうなるかは分からない。

コロナが大きな躓きの石となったのは資料へのアクセスがはなはだ不便になったこともさることながら、それ以上に人々がソーシャル・ディスタンシングを強制され、しかもそれなりに適応してしまった状況下で、集まることの毒と薬に関する言説が果たしていまどれほど求められるか、弱気にならないほうが難しかった。実際、大学に紐づいたサークル活動は次々と停止に追い込まれていき、伝統は廃れ、各研究会は遠隔地同士で映像と音声だけをつなげるリモート形式に切り替わっていった。

執筆の意欲を支えたのは、集まって語らいたいという古くからの人の行動習慣がそう簡単に急変することもあるまいという楽観である。感染症流行が少しでも収束をみせれば、また昔のように有象無象の小集団がぽこぽこと生まれ、各種各様の面倒事を相変わらず引き起こすに違いない。そのときに読まれる、そのときに向けて読まれる本を書いてみようじゃないか、と奮起した次第である。むしろ、ソーシャル・ディスタンシングならぬポリティカル・ディスタンシングの言説はいまもっとも必要なものだと放言したくもなる。無論、脱政治の技術が政治の否定ではなく別様に継続された政治であることを十分に認めた上で。

これに関連して、加藤典洋と高橋哲哉との歴史主体論争を調べていたときのことを思い出した。戦争責任のあり方が問われたこの論争のなかで高橋に肩入れした在日朝鮮人の作家、徐京植《ソキョンシク》は次のように述べ、戦争のあとに生まれた世代であっても「日本人としての責任」をまっとうせねばならないと訴えた。

「日本国民の皆さん、自分はたまたま日本に生まれただけであって「日本人」であるつもりはないとか、自分は「在日日本人」に過ぎないとか、どうかそんな軽口は叩かないでいただきたい。あなた方が長年の植民地支配によってもたらされた既得権と日常生活における「国民」としての特権を放棄し、今すぐパスポートを引き裂いて自発的に難民となる気概を示したときにだけ、その言葉は真剣に受け取られるだろう」（徐京植『半難民の位置から』）

徐の主張が正しいかどうかはここでは問わない。私がこれを読んで第一に思ったのは、仮にその主張が正しいのだとして、果たして自分がやったことのない、一度として経験したことのない過去の悪事に関して、そこまで真摯な態度をとれるものだろうか、真摯な態度をとれないのが悪いのだとして果たして……（以下同様）、という疑問だった。

勿論、その罪悪の存在を形式的に認め、徐に代表される批判者が納得するようなコミュニケーションをすることはできるし、その能力《スキル》を上げていくことも器用な人ならばさほど難しくはないだろう。けれども、それは本当に反省しているといえるのだろうか。ポーズの洗練は相手を怒らせないようにする処世術には役立つが、反省の本義はそれに尽きるものだろうか。

明確な回答があるわけではない。ただ、我々が日々の生活で感じる罪悪感、飲みすぎた帰りの電車でバッグに嘔吐《おうと》してしまい車内に異臭を漂わせたりだとか、そのうち返すからといって友人から借りていたフランス語入門の本を一〇年後のいまになって見つけたときだとか、悪いことをしたと感じ入り恥ずかしさと申し訳なさで胸いっぱいになるあの経験と、ここで扱われるような観念的な罪悪との懸隔はあまりにも大きい。そして、いまや戦争責任に限らずその種の罪悪が無数に私の後ろにつきまとって離れない、離れないことになっている、そういう感覚をもつ人は意外に多いのではないか。だから間違っているといいたいわけではない。たくさんあるのに（あるからこそ?）看過するのが常になっている実際を驚きながら確認したいのだ。本書執筆は、こういったもやもやしたものをもう少し言語化してみたいという試みの産物でもあった。

最後に謝辞を。田辺元に関して、合田正人《ごうだまさと》『田辺元とハイデガー』を参考文献に載せておいたが、考えてみれば田辺だけでなく鶴見俊輔やベルクソンなどについても合田さんの授業から学んだことを大いに活用させてもらった気がする。ならば氏が書けばよかったではないか、といま思わないでもないが、面妖な文献一覧を眺め、よくも悪くも自分にしか書けないものだったといまは受け止めたい。感謝する。また編集者の藁谷浩一さんには資料や原稿の方向性に関してさまざまなご助力をいただいた。どうもありがとうございました。

二〇二三年四月

荒木優太

参考文献

【序】

マクシム・ゴーリキー『二十六人の男と一人の少女』、『ゴーリキー短篇集』収、上田進+横田瑞穂編訳、岩波文庫、一九六六年。＊英訳はDean Mooreによるhttps://deanlmoore.com/twenty-six-men-and-a-girlを参照した。

瀧波ユカリ+犬山紙子『マウンティング女子の世界――女は笑顔で殴りあう』ちくま文庫、二〇一七年。
＊マウンティングという語の初出とされる書籍。
マックス・ウェーバー『権力と支配』濱嶋朗訳、講談社学術文庫、二〇一二年
小林章夫ほか『クラブとサロン』NTT出版、一九九一年
ジャック・デリダ『散種』藤本一勇+立花史+郷原佳以訳、法政大学出版局、二〇一三年、一五五頁

【第一章】
四本裕子「サークルのあり方について、元学生／現教員の立場で思うこと」、『教養学部報』六一三号、東京大学大学院総合文化研究科・教養学部、二〇一九年
匿名「発端は「誕生日研究会」と称するサークルだった…東大院生に有罪判決　法廷で明らかになった犯行の全容」https://www.sankei.com/article/20161026-IQWYUATKIROEFI3XYC6V4EBIU/、「産経

ニュース」二〇一六年一〇月二六日付
上野千鶴子「平成31年度東京大学学部入学式　祝辞」https://www.u-tokyo.ac.jp/ja/about/president/b_message31_03.html、東京大学、二〇一九年
姫野カオルコ『彼女は頭が悪いから』文藝春秋、二〇一八年、七頁、一三頁、一八頁、二〇頁、一〇〇頁、一一五頁、一一八頁、一六六頁、四〇六頁、四六四頁
前田健太郎『女性のいない民主主義』岩波新書、二〇一九年
Anne Phillips, *The Politics of Presence*, Oxford University Press, 1995, p23.
スティール若希「多様な政治的アイデンティティとクオータ制の広がり――日本の事例から」早川美也子訳、『ジェンダー・クオータ――世界の女性議員はなぜ増えたのか』収、三浦まり＋衛藤幹子編、明石書店、二〇一四年
松岡亮二『教育格差』ちくま新書、二〇一九年、二二六頁
村上彩佳「フランスの性別クオータ制「パリテ」に関する社会学的研究」大阪大学、二〇一八年
藤田優「東大インカレサークルで何が起こっているのか――「東大女子お断り」が守る格差構造」、『WAN女性学ジャーナル』二〇二二年
ジャンヤー宇都『オタサーの姫――オタク過密時代の植生学』ＴＯブックス、二〇一五年
鶉まどか『岡田斗司夫の愛人になった彼女とならなかった私――サークルクラッシャーの恋愛論』コア新書、二〇一五年、三五頁
江口聡「性的モノ化再訪」、『現代社会研究』京都女子大学現代社会学部、二〇一九年。＊ハキムの「エロ

ティック・キャピタル」論に関してはこの論文を参照した。
藤高和輝「インターセクショナル・フェミニズムから／へ」、『現代思想』二〇二〇年三月臨時増刊号
パトリシア・コリンズ＋スルマ・ビルゲ『インターセクショナリティ』下地ローレンス吉孝監訳、人文書院、二〇二一年。＊インターセクショナリティの概念自体は『現代思想』二〇二二年五月号の特集に寄せられた諸論考のほうが理解しやすい。
上野千鶴子『差異の政治学』（新版）、岩波現代文庫、二〇一五年。＊本書は kindle 版を参照した。
ジグムント・フロイト『精神分析学入門』懸田克躬訳、中公文庫、一九七三年、七一頁
デラルド・ウィン・スー『日常生活に埋め込まれたマイクロアグレッション――人種、ジェンダー、性的指向：マイノリティに向けられる無意識の差別』マイクロアグレッション研究会訳、明石書店、二〇二〇年。＊本書は kindle 版を参照した。

【第二章】

イヴ・K・セジウィック『男同士の絆――イギリス文学とホモソーシャルな欲望』上原早苗＋亀澤美由紀訳、名古屋大学出版会、二〇〇一年
姫野、前掲『彼女は頭が悪いから』三八頁、三四四～三四五頁
Timothy J. Legg, "What to know about toxic masculinity", https://www.medicalnewstoday.com/articles/toxic-masculinity, Medical News Today, 2020.
Ashley Morgan, "The real problem with toxic masculinity is that it assumes there is only one way of

being a man", https://theconversation.com/the-real-problem-with-toxic-masculinity-is-that-it-assumes-there-is-only-one-way-of-being-a-man-110305, The Conversation, 2019.

西井開「「有害な男らしさ」という言葉に潜む「意外な危うさ」を考える」https://gendai.ismedia.jp/articles/-/79520?imp=0、「現代ビジネス」二〇二一年。＊この文章はCarol Harringtonの二〇二〇年の論文を大きな参照項にして書かれている。

ロバート・ブライ『アイアン・ジョンの魂』野中ともよ訳、集英社、一九九六年、一一四頁

ユング『元型論』（増補改訂版）、林道義訳、紀伊國屋書店、一九九九年

Michael S. Kimmel and Michael Kaufman, Weekend Warriors: The New Men's Movement, *The Politics of Manhood*, Temple University Press, 1995.

土居健郎『「甘え」の構造』（増補普及版）、弘文堂、二〇〇七年

ロバート・ブライ『翼ある生命』葉月陽子訳、立風書房、一九九三年。＊ソローの解説兼アンソロジー本。

ロバート・ブライ『未熟なオトナと不遜なコドモ――「きょうだい主義社会」への処方箋』荒木文枝訳、柏書房、一九九八年、二三八頁、二八四頁

Robert Bly, The Sibling Society, Addison-Wesley, 1996, p175.

松田寿一「「魂」の方へ―― Robert Blyと「イメージ」」、『北海道武蔵女子短期大学紀要』二〇〇九年

松田寿一「初期の「ディープ・イメージ」―― Robert BlyとJerome Rothenberg」、『北海道武蔵女子短期大学紀要』二〇一〇年

ロバート・ムーア+ダグラス・ジレット『男らしさの心理学』中村保男訳、ジャパンタイムズ、一九九三年、八頁、一二八頁
Robert Moore and Doug Gillette, *King, Warrior, Magician, Lover*, HarperOne, 2013. ＊本書はkindle版を参照した。
アリス・ミラー『魂の殺人』（新装版）、山下公子訳、新曜社、二〇一三年
Kendra Cherry, “What Is Toxic Positivity?”, https://www.verywellmind.com/what-is-toxic-positivity-5093958, Verry Well Mind, 2020.
スーザン・フォワード『毒になる親』（完全版）、玉置悟訳、毎日新聞出版、二〇二一年

【第三章】

神林広恵+高橋ユキ+岡本まーこ『木嶋佳苗劇場』宝島社、二〇一二年
ヴァレリー・ダラム「明治初期の毒婦物における悪女造型のレトリック　その（一）」、『東京経済大学人文自然科学論集』一九九〇年
ダラム・ヴァレリー「明治初期の毒婦物における悪女造型のレトリック（その二）」、『東京経済大学人文自然科学論集』一九九一年
仮名垣魯文「高橋阿伝夜刃譚」、『明治開化期文学集（二）』収、筑摩書房、一九六七年、六一頁
姫野、前掲『彼女は頭が悪いから』六〇頁、八〇頁、一〇五頁、一二二頁、三三七頁
小林多喜二『党生活者』、『小林多喜二全集』第四巻収、新日本出版社、一九八二年、三七三〜三七四頁、

三九五頁、四一二頁、四一六頁、四四五頁
レベッカ・ソルニット『それを、真の名で呼ぶならば』渡辺由佳里訳、岩波書店、二〇二〇年、五頁
アリー・R・ホックシールド『管理される心――感情が商品になるとき』石川准＋室伏亜希訳、世界思想社、二〇〇〇年、一八七頁
吉本隆明「低劣な人間認識を暴露した党生活記録」、『国文学解釈と鑑賞』一九六一年五月号
岩上順一「文学サークル」、『岩波講座文学』第八巻収、岩波書店、一九五四年
蔵原惟人「プロレタリア芸術運動の組織問題」、『ナップ』一九三一年六月号
神谷誠一『職場の左翼文化運動』労働法学出版、一九六六年、六四頁
蔵原惟人「芸術運動の組織問題再論」一九三一年八月号
宮本百合子「ソヴェト文壇の現状」、『宮本百合子全集』第九巻収、新日本出版社、一九八〇年、三四一～三四二頁
小林多喜二「暴圧の意義及びそれに対する逆襲を我々は如何に組織すべきか」、『小林多喜二全集』第六巻収、新日本出版社、一九八二年、二四〇頁。＊三〇〇のサークルと四五〇〇の人員という数の報告はこれを参照した。
小林多喜二「プロレタリア文学運動の当面の諸情勢及びその「立ち遅れ」克服のために」、前掲『小林多喜二全集』第六巻収、二七～二八頁
小林多喜二「右翼的偏向の諸問題」、前掲『小林多喜二全集』第六巻収、一四四～一四六頁
鹿地亘「文学サークル創生のころ」、『民主文学』一九六八年一二月号

【第四章】

『「サークルの時代」を読む』宇野田尚哉＋川口隆行＋坂口博＋鳥羽耕史＋中谷いずみ＋道場親信編、影書房、二〇一六年。＊本書所収のシンポジウムの記録（三二一頁）で、坂口博は戦前戦後にはさまれた戦中のサークルに触れ、人材の連続性について言及している。

大沢真一郎「サークルの戦後史」、『共同研究　集団』収、思想の科学研究会編、平凡社、一九七六年

天野正子『「つきあい」の戦後史――サークル・ネットワークの拓く地平』吉川弘文館、二〇〇五年

水溜真由美『『サークル村』と森崎和江――交流と連帯のヴィジョン』ナカニシヤ出版、二〇一三年

谷川雁「さらに深く集団の意味を」、『谷川雁セレクションⅠ――工作者の論理と背理』収、岩崎稔＋米谷匡史編、日本経済評論社、二〇〇九年、二九九頁、三〇六頁。＊谷川が参照したマルクスの共同体論は『資本制生産に先行する諸形態』。

谷川雁「工作者の死体に萌えるもの」、前掲『谷川雁セレクションⅠ』収、九八頁

谷川雁「蛮人」、『サークル村』一九五八年九月号

日高六郎「消息」、『サークル村』一九五八年一一月号

谷川雁「分らないという非難の渦に」、『谷川雁の仕事Ⅰ』収、河出書房新社、一九九六年

森崎和江『闘いとエロス』三一書房、一九七〇年、一六八頁、二八二頁

森崎和江「『無名通信』創刊宣言」、『森崎和江コレクション』第二巻収、藤原書店、二〇〇八年

森崎和江『非所有の所有――性と階級覚え書』（新装版）、現代思潮社、一九七〇年、九六頁、一一六～一

一七頁、一二二頁。＊「破壊的共有の道」もここに収められている。
森崎和江『第三の性——はるかなるエロス』河出文庫、二〇一七年
松本輝夫『谷川雁——永久工作者の言霊』平凡社新書、二〇一四年、七五頁。＊鮎川信夫の谷川評はこれを参照した。
森崎和江『ははのくにとの幻想婚』（新装版）、現代思潮社、一九七六年、一五一～一五二頁、一六九頁
松井理恵「方法としての「朝鮮」——森崎和江におけるインターセクショナリティ」、『部落解放研究』広島部落解放研究所、二〇二〇年

【第五章】

鶴見俊輔『転向研究』筑摩書房、一九七六年、一〇頁、二八一頁、三三四頁。＊『共同研究　転向』に掲載された鶴見の文章はここから引用した。
黒川創『鶴見俊輔伝』新潮社、二〇一八年、六一頁
平野謙『『リンチ共産党事件』の思い出——資料袴田里見訊問・公判調書』三一書房、一九七六年、二七頁
鶴見俊輔『折衷主義の立場』筑摩書房、一九六一年、一九頁。＊「戦後日本の思想状況」はここから引用した。
鶴見俊輔「思想の発酵母胎」、『思想の科学』一九五九年七月号
谷川雁「東京へゆくな」、前掲『谷川雁セレクションⅠ』収、二七頁

中井正一「委員会の論理」、『中井正一評論集』収、長田弘編、岩波文庫、一九九五年
鶴見俊輔「サークルと学問」、『鶴見俊輔集』第九巻収、筑摩書房、一九九一年、七九〜八一頁
伊藤整『小説の方法』岩波文庫、二〇〇六年
鶴見俊輔『限界芸術論』ちくま学芸文庫、一九九九年、一四頁
加藤秀俊「中間文化論」、『中央公論』一九五七年三月号
白鳥邦夫『無名の日本人――〈山脈の会〉の記録』未来社、一九六一年、二二九頁
鶴見俊輔『日本の地下水――ちいさなメディアから』編集グループSURE、二〇二二年。＊鶴見が担当した「日本の地下水」の連載分をまとめたもの。
谷川雁「原点が存在する」、『谷川雁セレクションⅡ――原点の幻視者』収、岩崎稔＋米谷匡史編、日本経済評論社、二〇〇九年、六頁
レイ・オルデンバーグ『サードプレイス――コミュニティの核になる「とびきり居心地よい場所」』忠平美幸訳、みすず書房、二〇一三年
大塚英志『大政翼賛会のメディアミックス――「翼賛一家」と参加するファシズム』平凡社、二〇一八年、一〇頁、八三頁
大塚英志『感情化する社会』太田出版、二〇一六年、六四頁
イヴァン・イリイチ『シャドウ・ワーク――生活のあり方を問う』岩波現代文庫、玉野井芳郎＋栗原彬訳、二〇〇六年
山本哲士『消費のメタファー』冬樹社、一九八三年、一四六頁

大塚英志「不良債権としての「文学」」、『群像』二〇〇二年六月号

【第六章】

鶴見俊輔「集団の会について」、『思想の科学』一九七一年四月号
鶴見俊輔「なぜサークルを研究するか」、前掲『鶴見俊輔集』第九巻収、九六頁、九九頁、一一八〜一一九頁
白鳥邦夫「谷川雁論」、『思想の科学』一九六四年一〇月号
北河賢三「日高六郎の戦争・戦後体験と戦後思想」、『学術研究人文科学・社会科学編』早稲田大学教育・総合科学学術院、二〇一八年
宮下祥子「日高六郎研究序説――「社会心理学」に根ざす戦後啓蒙の思想」、『社会科学』、同志社大学人文科学研究所、二〇一九年。＊前項と合わせて日高の評伝的な流れに関してはこの二つを参考にした。
日高六郎『戦争のなかで考えたこと――ある家族の物語』筑摩書房、二〇〇五年、二一六頁
谷川雁「観測者と工作者」、前掲『谷川雁セレクションⅠ』収、一四四頁
羅皓名「日高六郎と谷川雁の思想的繋がりと「アンガージュマン」における差異」、『教養デザイン研究論集』明治大学、二〇二一年
藤田省三「大衆崇拝主義批判の批判」、『民話』一九五九年二月号、『藤田省三著作集』第七巻収、一九九八年

日高六郎「ベルグソンとデモクラシイの心理学」、『饗宴』一九四六年六月号
日高六郎『現代イデオロギー』勁草書房、一九六〇年、四九八頁、五一七頁、五五八〜五五九頁、五八三頁。＊「大衆論の周辺」「知識人の位置について」「サークル的姿勢」はここから引用した。
平川千宏「日高六郎著作目録」、『参考書誌研究』二〇〇四年
日高六郎『戦後思想を考える』岩波新書、一九八〇年、六三頁
エーリッヒ・フロム『自由からの逃走』日高六郎訳、東京創元社、一九五一年
宮山昌治「大正期におけるベルクソン哲学の受容」、『人文』学習院大学人文科学研究所、二〇〇五年
宮山昌治「昭和期におけるベルクソン哲学の受容」、『人文』学習院大学人文科学研究所、二〇〇六年
カール・シュミット『政治的なものの概念』田中浩＋原田武雄訳、未来社、一九七〇年、一五頁
ジョシュア・グリーン『モラル・トライブズ——共存の道徳哲学へ』上巻、竹田円訳、岩波書店、二〇一五年、六五〜六六頁
アンリ・ベルクソン『創造的進化』合田正人＋松井久訳、ちくま学芸文庫、二〇一〇年、七六頁
アンリ・ベルクソン『道徳と宗教の二つの源泉』合田正人＋小野浩太郎訳、ちくま学芸文庫、二〇一五年、二七三頁
日高六郎「戦後の「近代主義」」、『現代日本思想大系』第三四巻収、一九六四年、五〇頁
竹内好「中国の近代と日本の近代——魯迅を手がかりとして」、『東洋文化講座』第三巻収、一九四八年
日高六郎「集団の封鎖性と開放性とについて」、『年報社会学研究』一九四四年六月号、二七五頁、二七七〜二七八頁、二八〇頁、二八七頁、二九九頁

テンニエス『ゲマインシャフトとゲゼルシャフト――純粋社会学の基本概念』全二巻、杉之原寿一訳、岩波文庫、一九五七年
日高六郎『日高六郎教育論集』一ッ橋書房、一九七〇年、四一六頁。＊「断章・私と大学」はここから引用した。
日高六郎「戦後青年の意識」、『戦後日本を考える』収、筑摩書房、一九八六年、二八〇頁

【第七章】

鶴見俊輔「なぜサークルを研究するか」、前掲『鶴見俊輔集』第九巻収、一〇二頁、一一五頁、一一六頁
鶴見、前掲『折衷主義の立場』二四頁、三八頁、一八五頁
ウィリアム・ジェイムズ『プラグマティズム』桝田啓三郎訳、岩波文庫、一九五七年、三七頁
田中王堂『書斎より街頭に』（第三版）、広文堂、一九一一年、一八〇頁
鶴見俊輔『たまたま、この世界に生まれて――半世紀後の『アメリカ哲学』講義』編集グループＳＵＲＥ、二〇〇七年、一四二頁
伊藤邦武『プラグマティズム入門』ちくま新書、二〇一六年、五三頁
伊勢田哲治「分析哲学者としての鶴見俊輔」、『思想』二〇〇九年五月号
チャールズ・Ｓ・パース「我々の観念を明晰にする方法」、『プラグマティズム古典集成――パース、ジェイムズ、デューイ』収、植木豊編訳、作品社、二〇一四年
鶴見俊輔『アメリカ哲学』、『鶴見俊輔集』第一巻収、筑摩書房、一九九一年、五頁、八頁、四〇～四二頁、

四八頁、五五頁
鶴見、前掲『転向研究』一二頁
チャールズ・S・パース「信念の確定の仕方」、前掲『プラグマティズム古典集成』収
チャールズ・S・パース「四つの能力の否定から導かれる諸々の帰結」、前掲『プラグマティズム古典集成』収、一四二頁
シェリル・ミサック『プラグマティズムの歩き方――21世紀のためのアメリカ哲学案内』上巻、加藤隆文訳、勁草書房、二〇一九年
ジョージ・H・ミード『精神・自我・社会』、『G・H・ミード著作集成――プラグマティズム・社会・歴史』収、植木豊編訳、作品社、二〇一八年、三五八頁、三五九頁
鶴見俊輔＋久野収『現代日本の思想』岩波新書、一九五六年、七五頁、七六頁
鶴見和子「話しあい、書きあう仲間」、『エンピツをにぎる主婦』収、鶴見和子編、毎日新聞社、一九五四年、二三三頁
榊原理智「記号論から生活記録運動へ――『思想の科学』の「跳躍」」、『クァドランテ』二〇一四年
鶴見俊輔＋久野収＋藤田省三『戦後日本の思想』勁草書房、一九六六年、一三三頁
谷川嘉浩『鶴見俊輔の言葉と倫理――想像力、大衆文化、プラグマティズム』人文書院、二〇二二年、三二四頁
谷川雁「断言肯定命題」、前掲『谷川雁セレクションI』収、七六頁
安藤丈将「鶴見俊輔の小集団と民主主義」、『現代思想』二〇一五年一〇月臨時増刊号

【第八章】

合田正人『田辺元とハイデガー――封印された哲学』、PHP新書、二〇一三年。＊田辺元に関する基本的な理解はこれを参照した。
田辺元「社会存在の論理――哲学的社会学試論」、『種の論理――田辺元哲学選Ⅰ』収、藤田正勝編、岩波文庫、二〇一〇年、二二頁、五一頁、五四頁、一〇九～一一〇頁
エーリッヒ・フロム、前掲『自由からの逃走』一三八頁
アイザィア・バーリン「二つの自由概念」、『自由論』収、小川晃一＋福田歓一＋小池銈＋生松敬三訳、みすず書房、一九七九年
唐木順三『現代史への試み』、『唐木順三全集』第三巻収、筑摩書房、一九八一年
河野真太郎『戦う姫、働く少女』堀之内出版、二〇一七年、一三七頁。＊用語「シャカイ系」を提起しているが、その「シャカイ」が新自由主義的で競争的なものに限定されていることに注意。
石田夏穂『黄金比の縁』、『すばる』二〇二二年八月号
杉田俊介『マジョリティ男性にとってまっとうさとは何か――#MeTooに加われない男たち』集英社新書、二〇二一年、四〇頁、四一頁
標葉隆馬「アメリカの白人至上主義者の間で、遺伝子検査がブームになってる驚きの理由」https://gendai.ismedia.jp/articles/-/77043、「現代ビジネス」二〇二〇年
田辺元『歴史的現実』、岩波書店、一九四〇年、八一頁

佐藤優『学生を戦地へ送るには——田辺元「悪魔の京大講義」を読む』新潮社、二〇一七年。＊『歴史的現実』を精読していく講義の記録。

【終章】

鶴見俊輔『期待と回想——語り下ろし伝』朝日文庫、二〇〇八年
Robert Redfield, *The Little Community and Peasant Society and Culture*, The University of Chicago Press, 1989, p.61.
鶴見俊輔「記述の理論」、『思想』一九五五年一二月号
花田清輝「楕円幻想」、『復興期の精神』収、講談社文芸文庫、二〇〇八年、二二一頁
鶴見俊輔「花田清輝の方法」、『新日本文学』一九七八年五月号
鶴見俊輔＋中沢新一「世界史のなかでの天皇制を考える」、『ちくま』一九八九年七月号。＊日本人としての自分と個人としての自分を花田の楕円論を援用しながら考えている。
田辺、前掲『歴史的現実』一七頁、三四頁、三五〜三六頁。＊西田幾多郎の時間論に関しては、『哲学の根本問題　続編』（岩波書店、一九四八年）を参照。
田辺元「種の論理と世界図式」、前掲『種の論理』収、二七六頁、二八八頁
鶴見俊輔「方法としてのアナキズム」、『身ぶりとしての抵抗』収、黒川創編、河出文庫、二〇一二年
竹内好「方法としてのアジア」、『日本とアジア』収、ちくま学芸文庫、一九九三年
井上達夫『他者への自由——公共性の哲学としてのリベラリズム』創文社、一九九九年、一六五頁

スタンリー・フィッシュ『このクラスにテクストはありますか――解釈共同体の権威3』小林昌夫訳、みすず書房、一九九二年、八二頁

（URL最終閲覧日二〇二三年四月一二日）

荒木優太（あらき　ゆうた）

一九八七年東京生まれ。在野研究者。専門は有島武郎。明治大学大学院文学研究科日本文学専攻博士前期課程修了。二〇一五年、第五九回群像新人評論賞優秀作を受賞。主な著書に、『これからのエリック・ホッファーのために』『無責任の新体系』『有島武郎』『転んでもいい主義のあゆみ』など。編著には「紀伊國屋じんぶん大賞2020読者と選ぶ人文書ベスト30」三位の『在野研究ビギナーズ』がある。

サークル有害論《ゆうがいろん》　なぜ小集団《しょうしゅうだん》は毒《どく》されるのか

集英社新書一一六六C

二〇二三年六月二一日　第一刷発行

著者……荒木優太《あらきゆうた》
発行者……樋口尚也
発行所……株式会社集英社
東京都千代田区一ツ橋二-五-一〇　郵便番号一〇一-八〇五〇
電話　〇三-三二三〇-六三九一（編集部）
〇三-三二三〇-六〇八〇（読者係）
〇三-三二三〇-六三九三（販売部）書店専用

装幀……原　研哉
印刷所……凸版印刷株式会社
製本所……加藤製本株式会社

定価はカバーに表示してあります。

ISBN 978-4-08-721266-2 C0295

Printed in Japan

a pilot of wisdom

集英社新書　好評既刊

哲学・思想——C

ブッダは、なぜ子を捨てたか　山折哲雄
憲法九条を世界遺産に　太田光／中沢新一
「狂い」のすすめ　ひろさちや
偶然のチカラ　植島啓司
「世逃げ」のすすめ　ひろさちや
悩む力　姜尚中
夫婦の格式　橋田壽賀子
神と仏の風景「こころの道」　廣川勝美
無の道を生きる——禅の辻説法　有馬頼底
新左翼とロスジェネ　鈴木英生
虚人のすすめ　康芳夫
自由をつくる 自在に生きる　森博嗣
創るセンス 工作の思考　森博嗣
努力しない生き方　桜井章一
いい人ぶらずに生きてみよう　千玄室
生きるチカラ　植島啓司
韓国人の作法　金栄勲
自分探しと楽しさについて　森博嗣
人生はうしろ向きに　南條竹則
日本の大転換　中沢新一
小さな「悟り」を積み重ねる　アルボムッレ・スマナサーラ
犠牲のシステム 福島・沖縄　高橋哲哉
気の持ちようの幸福論　小島慶子
日本の聖地ベスト100　植島啓司
続・悩む力　姜尚中
心を癒す言葉の花束　アルフォンス・デーケン
自分を抱きしめてあげたい日に　落合恵子
荒天の武学　内田樹／光岡英稔
世界と闘う「読書術」 思想を鍛える一〇〇〇冊　佐高信／佐藤優
心の力　姜尚中
一神教と国家 イスラーム、キリスト教、ユダヤ教　内田樹／中田考
それでも僕は前を向く　大橋巨泉
体を使って心をおさめる 修験道入門　田中利典

a pilot of wisdom

百歳の力　篠田桃紅
ブッダをたずねて　仏教二五〇〇年の歴史　立川武蔵
イスラーム　生と死と聖戦　中田考
「おっぱい」は好きなだけ吸うがいい　加島祥造
科学の危機　金森修
悪の力　姜尚中
生存教室　ディストピアを生き抜くために　内田樹・光岡英稔
ルバイヤートの謎　ペルシア詩が誘う考古の世界　金子民雄
感情で釣られる人々　なぜ理性は負け続けるのか　堀内進之介
永六輔の伝言　僕が愛した「芸と反骨」　矢崎泰久・編
淡々と生きる　100歳プロゴルファーの人生哲学　内田棟
若者よ、猛省しなさい　下重暁子
イスラーム入門　文明の共存を考えるための99の扉　中田考
ダメなときほど「言葉」を磨こう　萩本欽一
ゾーンの入り方　室伏広治
人工知能時代を〈善く生きる〉技術　堀内進之介
究極の選択　桜井章一

母の教え　10年後の『悩む力』　姜尚中
一神教と戦争　橋爪大三郎・中田考
善く死ぬための身体論　内田樹・成瀬雅春
世界が変わる「視点」の見つけ方　佐藤可士和
いま、なぜ魯迅か　佐高信
人生にとって挫折とは何か　下重暁子
全体主義の克服　マルクス・ガブリエル・中島隆博
悲しみとともにどう生きるか　柳田邦男・若松英輔ほか
原子力の哲学　戸谷洋志
退屈とポスト・トゥルース　マーク・キングウェル・上岡伸雄・訳
「利他」とは何か　伊藤亜紗・編
はじめての動物倫理学　田上孝一
ポストコロナの生命哲学　福岡伸一・伊藤亜紗・藤原辰史
哲学で抵抗する　高桑和巳
いまを生きるカント倫理学　秋元康隆
未来倫理　戸谷洋志
日本のカルトと自民党　政教分離を問い直す　橋爪大三郎

社会――B

a pilot of wisdom

- 東京裏返し 社会学的街歩きガイド　吉見俊哉
- 人に寄り添う防災　片田敏孝
- プロパガンダ戦争 分断される世界とメディア　内藤正典
- イミダス 現代の視点2021　イミダス編集部・編
- 中国法「依法治国」の公法と私法　小口彦太
- 福島が沈黙した日 原発事故と甲状腺被ばく　榊原崇仁
- 女性差別はどう作られてきたか　中村敏子
- 原子力の精神史——〈核〉と日本の現在地　山本昭宏
- ヘイトスピーチと対抗報道　角南圭祐
- 世界の凋落を見つめて クロニクル2011-2020　四方田犬彦
- 「自由」の危機 ——息苦しさの正体　藤原辰史 内田樹ほか
- 「非モテ」からはじめる男性学　西井開
- 妊娠・出産をめぐるスピリチュアリティ　橋迫瑞穂
- マジョリティ男性にとってまっとうさとは何か　杉田俊介
- 書物と貨幣の五千年史　永田希
- インド残酷物語 世界一たくましい民　池亀彩
- シンプル思考　里崎智也

- 韓国カルチャー 隣人の素顔と現在　伊東順子
- 「それから」の大阪　スズキナオ
- ドンキにはなぜペンギンがいるのか　谷頭和希
- 何が記者を殺すのか 大阪発ドキュメンタリーの現場から　斉加尚代
- フィンランド 幸せのメソッド　堀内都喜子
- 私たちが声を上げるとき アメリカを変えた10の問い　和泉真澄 坂下史子ほか
- 「黒い雨」訴訟　小山美砂
- 差別は思いやりでは解決しない　神谷悠一
- ファスト教養 10分で答えが欲しい人たち　レジー
- 非科学主義信仰 揺れるアメリカ社会の現場から　及川順
- おどろきのウクライナ　橋爪大三郎 大澤真幸
- 対論 1968　笠井潔 絓秀実
- 武器としての国際人権　藤田早苗
- 小山田圭吾の「いじめ」はいかにつくられたか　片岡大右
- クラシックカー屋一代記　涌井清春 金子浩久構成
- カオスなSDGs グルっと回せばうんこ色　酒井敏
- 「イクメン」を疑え!　関口洋平